In dieser Reihe sind
bisher erschienen:

Richtig Aerobic
Richtig Aikido
Richtig Ausdauertraining
Richtig Badminton
Richtig Basketball
Richtig Bergsteigen
Richtig Body-Styling
Richtig Carven
Richtig Fahrtensegeln
Richtig Fitness-Skating
Richtig Fußball
Richtig Golf
Richtig Golf länger und genauer
Richtig Golf rund ums Grün
Richtig Handball
Richtig Hanteltraining
Richtig Hochtouren
Richtig Inlineskaten
Richtig Judo
Richtig Kanufahren
Richtig Karate
Richtig Laufen
Richtig Marathon
Richtig Mountainbiken
Richtig Muskeltraining
Richtig Paragliding
Richtig Qi Gong
Richtig Reiten
Richtig Rennrad fahren
Richtig Sanftes Krafttraining
Richtig Schwimmen
Richtig Segeln
Richtig Skitouren
Richtig Snowboarden
Richtig Sporternährung
Richtig Sportklettern
Richtig Stretching
Richtig Taekwondo
Richtig Tai-Bo
Richtig Tai Chi
Richtig Tanzen Lateinamerikanische Tänze
Richtig Tanzen Modetänze
Richtig Tanzen Standardtänze
Richtig Tauchen
Richtig Tennis
Richtig Tennistraining
Richtig Tischtennis
Richtig Torwarttraining
Richtig Trainieren im Fitness-Studio
Richtig Trainieren mit der Pulsuhr
Richtig Triathlon
Richtig Volleyball
Richtig Walking
Richtig Yoga

W0277265

RICHTIG

BLV SPORTPRAXIS TOP

Katja Kuhn, Stephan Nüsser,
Petra Platen, Ramin Vafa

Ausdauer-training

blv

Bibliographische Information
Der Deutschen Bibliothek

Die Deutsche Bibliothek verzeichnet diese Publikation in der Deutschen Nationalbibliographie; detaillierte bibliographische Daten sind im Internet über http://dnb.ddb.de abrufbar.

BLV Verlagsgesellschaft mbH
München Wien Zürich
80797 München

© BLV Verlagsgesellschaft mbH,
München 2004

Das Werk einschließlich aller seiner Teile ist urheberrechtlich geschützt. Jede Verwertung außerhalb der engen Grenzen des Urheberrechtsgesetzes ist ohne Zustimmung des Verlags unzulässig und strafbar. Das gilt insbesondere für Vervielfältigungen, Übersetzungen, Mikroverfilmungen und die Einspeicherung und Verarbeitung in elektronischen Systemen.

Lektorat: Dr. Christa Söhl
Herstellung: Rosemarie Schmid
Layoutkonzept: Buch & Konzept,
Annegret Wehland, München
Layout und Satz: Gaby Herbrecht, München

Gedruckt auf chlorfrei gebleichtem Papier

Printed and bound in Germany
ISBN 3-405-16732-9

In Erinnerung an Ronny Wöstmann
10.6.1966–12.9.2003

Prof. Dr. Petra Platen ist betreuende Ärztin am Olympiastützpunkt Köln/Bonn/Leverkusen und Mitinitiatorin des Zentrums für Leistungsdiagnostik (ZeLD) an der Deutschen Sporthochschule in Köln.
Stephan Nüsser ist Diplom-Sportlehrer und Geschäftsführer des Zentrums für Leistungsdiagnostik.
Katja Kuhn und **Ramin Vafa** sind Diplom-Sportwissenschaftler und Mitarbeiter im Zentrum für Leistungsdiagnostik.

Bildnachweis
Archiv Konopka: S. 96
Archiv Ladig/Rüger: S. 116, 121
chilli-photography Andreas Meier: S. 5, 13, 53, 74 (2), 76 unten (2), 103
Gonseth, Andreas: S. 9, 25, 105, 117
Haist, Oryk: S. 107, 108
Illuscope: S. 41, 89, 111, 124
Kracke, Susanne: S. 80 (4), 81 (2), 82 (2), 83 (2)
Krauer, Thomas: S. 123
Mauritius: S. 32, 40, 94, 95, 106, 113
Schirmaier, Armin: S. 109, 122
Seer, Ulli: S. 2, 6, 33, 38, 73 (2), 75 (3), 76 oben, 100, 110, 114, 125
Shelley, George (Corbis): S. 104
Agentur Transglobe: S. 26
Tylö – Klaus Schenker GmbH: S. 69
Grafiken: Jörg Mair
Umschlaggestaltung: Joko Sander
Werbeagentur, München
Umschlagfotos:
Umschlagvorderseite: Zefa/O. Robson
Umschlagrückseite: Illuscope

Hinweis
Das vorliegende Buch wurde sorgfältig und nach neuesten Erkenntnissen der Wissenschaft erarbeitet. Dennoch erfolgen alle Angaben ohne Gewähr. Weder Autoren noch Verlag können für eventuelle Nachteile oder Schäden, die aus den im Buch vorgestellten Übungen und Informationen resultieren, eine Haftung übernehmen.

Einleitung

Regelmäßig betriebenes Ausdauertraining bietet jedem die Möglichkeit, den besonders in der heutigen Zeit vorherrschenden Bewegungsmangel auszugleichen. Ferner kann so auf einfache Weise Folgeerkrankungen entgegengewirkt und körperliche Leistungsfähigkeit bis ins hohe Alter erhalten werden. Das Ziel ist nicht, unendlich alt zu werden, sondern gesund zu sterben. Durch hohen technischen Standard sind im alltäglichen Leben gewisse Aktivitäten nicht mehr nötig. So wird der Aufzug benutzt, anstatt Treppen zu steigen oder das Auto dem Fahrrad als Fortbewegungsmittel vorgezogen. Auch ist durch großflächige Bebauung unser natürlicher Bewegungsraum eingeschränkt. Vor diesem Hintergrund wird klar, wie wichtig Spiel und Sport für die Menschen heutzutage sind, um den Bewegungsmangel auszugleichen. Dabei kommt es keineswegs immer auf Höchstleistungen an, sondern vielmehr auf den Erhalt und die Wiederherstellung von Gesundheit und Leistungsfähigkeit. Natürlich darf der Spaß und die Freude an der Bewegung nicht fehlen, um die Motivation zum dauerhaften Sporttreiben zu gewährleisten. Das Training der Ausdauer stellt eine unkomplizierte Art der Bewegung dar, die jederzeit und an fast jedem Ort ohne größeren Aufwand durchgeführt werden kann.

Das vorliegende Buch soll sowohl für Anfänger/innen als auch für schon erfahrene Ausdauersportler/innen eine Grundlage bieten, um ein Ausdauertraining von Beginn an richtig durchführen zu können. Es soll aber auch dazu dienen, die physiologischen Vorgänge im Körper während einer Aktivität besser verstehen zu können und so Belastungen besser einschätzen zu lernen. Es soll ferner zeigen, dass regelmäßige sportliche Bewegung nicht nur körperlichen Nutzen bringt, sondern auch in hohem Maße das Wohlbefinden und die Psyche positiv beeinflussen kann. Somit wünschen die Autoren/innen viel Spaß und »Ausdauer« beim Lesen dieses Buches und bei der Anwendung der Inhalte.

Ausgesprochenes Ziel dieses Buches soll zudem sein, Ihnen Wissenschaft aus erster Hand zu liefern und zwar verständlich, ohne es unnötig kompliziert zu gestalten. Daher beschränken wir uns auf die wichtigsten Punkte, von denen wir meinen, dass sie für Sie als Leser/in für die Ausführung eines richtigen Trainings bedeutend sind. Dabei soll aber der Gesamtkontext nicht aus den Augen verloren werden. Daher bieten wir Ihnen ein fundiertes Hintergrundwissen, welches Sie befähigen soll, in Zukunft selbst über Inhalte zu urteilen.

Was versteht man unter Ausdauer?

Ganz allgemein versteht man unter Ausdauer die Fähigkeit, Muskelarbeit ohne wesentliche Ermüdungserscheinungen über einen längeren Zeitraum zu verrichten.
Im Sport unterscheidet man verschiedene Arten der Ausdauer.
Zunächst wird eine Unterteilung in **lokale** und **allgemeine** Ausdauer vorgenommen.
Unter **lokaler** Muskelausdauer wird die Ausdauer einer Muskelmasse verstanden, die kleiner ist als 1/7 bis 1/6 (ca. 14 bis 17 Prozent) der gesamten Skelettmuskulatur.
Die **allgemeine** Ausdauer ist die Ausdauer einer Muskelmasse, die größer als 1/7 bis 1/6 der gesamten Skelettmuskulatur ist. Ob 1/7 oder 1/6 der gesamten Skelettmuskulatur bei einer Sportart eingesetzt wird, lässt sich relativ leicht überprüfen. Es wird von der vereinfachten Vorstellung ausgegangen, dass der Anteil der Muskulatur jedes Körper-

Ausdauer als wichtige Grundlage für viele Sportarten, wie hier beim Mountainbiken

teils gleich groß ist. Mit Hilfe der relativen Gewichte der einzelnen Körperteile als Prozentsatz des Gesamtkörpergewichtes kann dann überschlagsmäßig der Anteil der Muskulatur, der bei einer bestimmten Übung beansprucht wird, hinreichend genau abgeschätzt werden. Danach macht die Rumpfmuskelmasse ca. 43 Prozent, ein Bein ca. 20 Prozent, ein Arm ca. 5 Prozent der Gesamtmuskelmasse aus. Bei dynamischer Beanspruchung der gesamten Muskulatur eines Beines wird also bereits mehr als 1/6 (ca. 17 Prozent) der Gesamtskelettmuskulatur bewegt. Die Beanspruchung beider Arme dagegen würde mit 10 Prozent noch nicht den geforderten Anteil der Skelettmuskulatur aktivieren. Bei diesen Analysen muss jedoch berücksichtigt werden, dass bei allen schwunghaften Armbewegungen die Skelettmuskulatur und ein Teil der Bein- und Beckenmuskulatur mit in Tätigkeit versetzt werden.

Des Weiteren wird in Bezug auf die Energiebereitstellung in **aerobe** und **anaerobe** Ausdauer unterteilt (s. Seite 20 f.). Das griechische Wort »aerob« bedeutet so viel wie »unter Zuhilfenahme von Sauerstoff«, wohingegen der Begriff »anaerob« darauf hinweist, dass kein Sauerstoff zur Energiebereitstellung verwendet wird.

Eine letzte Unterteilung erfolgt unter Berücksichtigung der Kontraktionsform der beanspruchten Muskulatur. Danach wird eingeteilt in **dynamische** und **statische** Muskelausdauer. Dynamische Arbeit stellt einen Wechsel zwischen Kontraktion und Erschlaffung der Muskulatur dar (z. B. beim Laufen). Statische Muskelarbeit findet ohne äußerlich sichtbare Muskelverkürzung statt (z. B. seitliches Hochhalten einer Scheibenhantel). Die statische Arbeit lässt den Muskel schneller ermüden als die dynamische. Liegt die statische Beanspruchung einer kleinen Muskelgruppe unterhalb von etwa 15 Prozent der maximalen statischen Kraft, so findet die Durchblutung der Muskeln noch ungestört statt. Die Energie wird dann unter Sauerstoffverbrauch, also aerob, bereitgestellt. Somit handelt es sich um **lokale aerobe statische Ausdauer**. Überschreitet die Kontraktionsintensität jedoch 15 Prozent der maximalen statischen Kraft, so wird der Muskel minderdurchblutet, bis sich die Durchblutung bei 50 Prozent der maximalen statischen Kraft schließlich völlig einstellt. Somit ist der Bereich zwischen 15 und 50 Prozent sowohl durch aeroben als auch durch anaeroben Stoffwechsel abgedeckt.

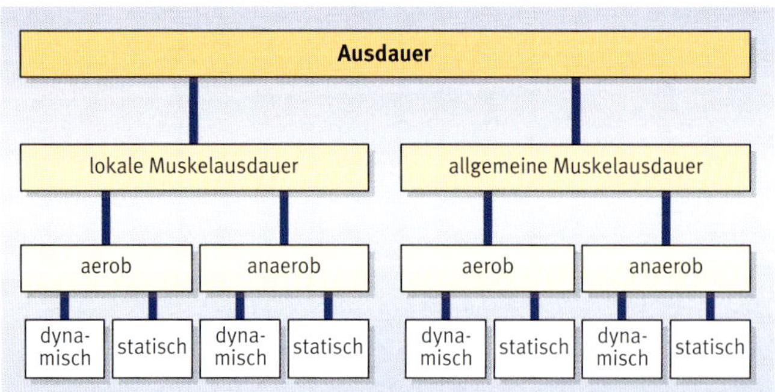

Übersicht über die Ausdauerarten

Arten der Ausdauer

In der Trainingswissenschaft und in der Sportmedizin wird die Einteilung der Ausdauer im Wesentlichen nach der Wettkampfdauer bzw. der Belastungslänge vorgenommen. Die körperlichen und mentalen Anforderungen der verschiedenen Arten der Ausdauer sind maßgeblich von der Belastungslänge abhängig. Wenn die Arten der Ausdauer nach der Form ihrer Energiebereitstellung unterschieden werden, dann ist der Zeitrahmen, in dem die Leistung (Training oder Wettkampf) durchgeführt wird, ausschlaggebend dafür, welche Art des Energiestoffwechsels den größten Teil der benötigten Energie liefert. D.h. man unterscheidet, ob mehr Fette und Kohlenhydrate (aerobe Energiebereitstellung) oder ausschließlich Kohlenhydrate und energiereiche Phosphate (anaerobe Energiebereitstellung) den Energiebedarf decken bzw. wie das Verhältnis von aerober und anaerober Energielieferung zueinander ist.

Die Ausdauer wird in drei Kategorien unterteilt: Die **Kurzzeitausdauer** KZA, die **Mittelzeitausdauer** MZA und die **Langzeitausdauer** LZA. Da es insbesondere bei der Langzeitausdauer zu einer sehr großen Zeitspanne von Wettkampf- und Belastungslängen kommt (z.B. vom 10-Kilometer-Lauf bis hin zum Langdistanztriathlon), wird die Langzeitausdauer in weitere drei Kategorien unterteilt. Die LZA 1, LZA 2 und LZA 3.

Die **Kurzzeitausdauer** bezeichnet eine Belastung von ca. 35 Sekunden bis 2 Minuten. Bei diesen Belastungen handelt es sich um maximale Intensitäten (z.B. Geschwindigkeit oder Krafteinsatz), die in kurzer Zeit viel Energie benötigen, sodass überwiegend der anaerobe Energiestoffwechsel (Kohlenhydrate und energiereiche Phosphate) beansprucht wird.

Die **Mittelzeitausdauer** beschreibt eine Zeitspanne von ca. 3 bis 10 Minuten. Bei diesen Belastungszeiten sind die Anforderungen in den Sportarten und Disziplinen durch submaximale Leistungen gekennzeichnet. Hier wird durch den im Vergleich zur Kurzzeitausdauer relativ geringeren Energiebedarf pro Zeiteinheit ein größerer Teil der Energie über den aeroben Stoffwechsel geliefert, sodass die gesamte Energie durch ein ausgewogenes Verhältnis von anaerober und aerober Energiebereitstellung abgedeckt wird. Die **Langzeitausdauer** bezeichnet Belastungslängen von 10 Minuten bis hin zu mehr als 6 Stunden und nimmt dadurch in ihrer Definition eine besondere Stellung ein. Die Langzeitausdauer umfasst in ihrem Zeitfenster die meisten Sportarten und Disziplinen, die dem Ausdauersport zugeordnet werden können. So sind in der Langzeitausdauer die meisten »klassischen« Disziplinen zu finden, vom 10-Kilometer-Lauf bis hin zum Marathon sowie die meisten Radsportdisziplinen.

Durch die große Zeitspanne wird die Langzeitausdauer in folgende Belastungs-Zeibereiche unterteilt: LZA1 10 bis 30 Minuten,

Arten der Ausdauer mit jeweiligem Belastungsumfang und Art der Energiebereitstellung

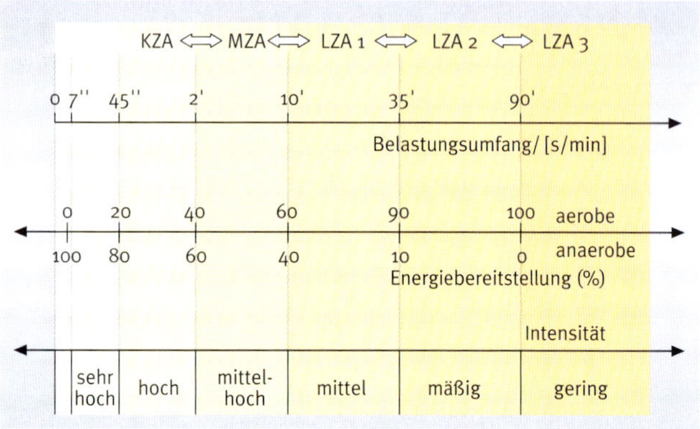

LZA2 30 bis 90 Minuten, LZA3 90 bis 360 Minuten. Bei der Langzeitausdauer dominiert bedingt durch den großen Belastungsumfang vorwiegend die aerobe Energiebereitstellung.

Die Arten der Ausdauer kann man über den Zusammenhang von Belastungslänge und Art des Energiestoffwechsels wie folgt zusammenfassen: Je kürzer die Belastung, desto höher ist die Geschwindigkeit und der anaerobe Energiestoffwechsel deckt den Großteil der Energie ab. Je länger die Belastung ist, desto geringer ist die Geschwindigkeit und der aerobe Energiestoffwechsel liefert den Großteil der benötigten Energie.

Ausdauerfähigkeit und beeinflussende Faktoren

Betrachtet man die verschiedenen Ausdauersportarten näher wird deutlich, dass die Ausdauer aus einer Vielzahl von Komponenten bzw. Einzelleistungen besteht und zugleich von diesen beeinflusst wird und somit nicht nur auf Grund der zeitlichen Belastungslänge und Art der Energiebereitstellung beurteilt werden kann. Wie bereits im vorangegangenen Kapitel beschrieben zeichnet sich Ausdauer durch die Fähigkeit aus, eine sportliche Leistung über einen möglichst langen Zeitraum aufrechtzuerhalten. Aus der Definition ergibt sich die Konsequenz, dass die Ausdauer eine Vielzahl von sportlichen Fertigkeiten umfasst. In der Ausdauer werden so zum Beispiel auch konditionelle Fähigkeiten wie Kraft und Schnelligkeit mit einbezogen. In diesem Kapitel werden die unterschiedlichen Erscheinungsformen der sportlichen Ausdauer kurz erläutert:
Die Basis der meisten sportartspezifischen Ausdauerfähigkeiten ist die so genannte **Grundlagenausdauer**. Sie beschreibt die Fähigkeit, eine sportliche Belastung über einen möglichst langen Zeitraum ausüben zu können. Dieses beinhaltet sportartspezifische sowie unspezifische Belastungen. So kann z. B. ein Läufer seine Grundlagenausdauer zum einen beim Laufen (spezifisch), zum anderen aber auch beim Radfahren (unspezifisch) trainieren. Die Grundlagenausdauer kann somit sowohl allgemein als auch auf die Disziplin bezogen entwickelt werden. Eine ausreichend entwickelte Grundlagenausdauer ist für fast alle Sport-

arten eine Grundvoraussetzung zur Steigerung der sportlichen Leistungsfähigkeit und vor allem im Ausdauersport die wichtigste Komponente.

Eine gute Grundlagenausdauer bewirkt: eine Verbesserung der gesamten körperlichen Leistungsfähigkeit und eine Steigerung der Erholungsfähigkeit nach sportlicher Belastung. Durch Stärkung des Immunsystems und Training des Herz-Kreislauf-Systems wird zudem eine Stabilisierung der Gesundheit erreicht.

Da die Länge der Belastung eine wichtige Rolle spielt, wird die Grundlagenausdauer in der Regel zur Entwicklung der aeroben Ausdauerfähigkeiten eingesetzt. Die Kraftausdauer ist von Bedeutung, wenn es um Sportarten bzw. Belastungen geht, bei denen hohe Kraftanforderungen bewältigt werden müssen. Die Kraftausdauer ist eine sehr komplexe Erscheinungsform der Ausdauer. Sie umfasst zum einen die statische und zum anderen die dynamische Kraftausdauer sowie die Maximal- und Schnellkraft bei zyklischen Disziplinen, wie Radfahren, und azyklischen Sportarten, zum Beispiel Sportklettern. Anhand des Anteils der beanspruchten Muskulatur unterscheidet man in der Trainingspraxis in zwei Arten des Krafttrainings.

Die **Maximalkraftausdauer** (über 75 Prozent der Maximalkraft) wird in der Regel in Form eines Krafttrainings im Kraftraum geschult. Die mittel bis niedrig intensive Form, die (submaximale) Kraftausdauer (ca. 30 bis 75 Prozent der Maximalkraft), wird meistens als ein Teilbereich im sportartspezifischen Ausdauertraining aufgebaut (z. B. Kraft am Berg im Radsport).

Die **Schnelligkeitsausdauer** ist besonders bei Sportarten und Disziplinen entscheidend, in denen maximale Geschwindigkeit von Bedeutung ist. Dieses kann sich auf eine hohe Gesamtgeschwindigkeit oder auch nur auf einzelne Bewegungsaktionen beziehen.

Messen der Herzfrequenz zur Intensitätsbestimmung

Wechselbeziehungen zwischen den einzelnen Ausdauerfähigkeiten

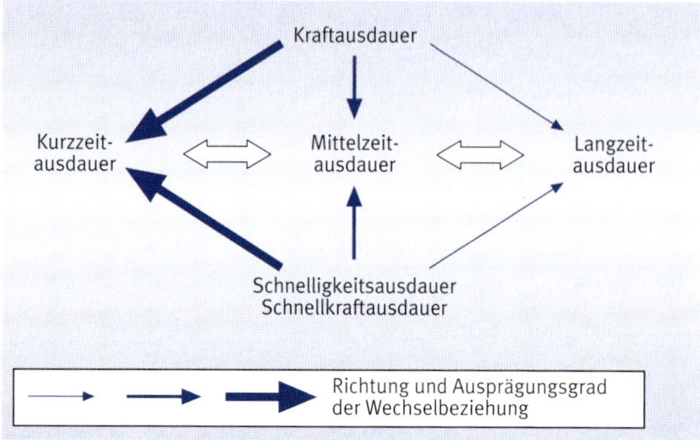

Aus der Beschreibung der Schnelligkeitsausdauer hat sich auch die so genannte **Spielausdauer** abgeleitet. Die Spielausdauer bezeichnet die Fähigkeit, den Leistungsabfall in den ständig wechselnden Belastungssituationen bei Spielsportarten so gering wie möglich zu halten. Diese Art der Ausdauer ist gekennzeichnet durch kurze maximale Belastungen und Pausen mit relativ geringen Intensitäten, beides eingebunden in einen großen zeitlichen Gesamtumfang. Durch die vorwiegend kurzen Belastungsintervalle ist die anaerobe Energiebereitstellung besonders wichtig. Es sollte aber die Bedeutung der aeroben Energiebereitstellung in den Belastungspausen zur raschen Wiederherstellung nicht unterschätzt werden. Eine gut entwickelte aerobe Energiebereitstellung ist besonders zur raschen Regeneration zwischen den intensiven Belastungsabschnitten von Bedeutung. Nur eine schnellstmögliche Wiederherstellung ermöglicht eine optimale Leistungsfähigkeit über die gesamte Spieldauer.

Die **spezielle Ausdauer** bezeichnet die Ausdauerfähigkeiten, die unter Wettkampfbedingungen von besonderer Bedeutung sind bzw. die Leistung beeinflussen. Die Entwicklung dieser Form der Ausdauer wendet sich stark an leistungsorientierte Athleten/innen, weil sie sich an den speziellen Wettkampfanforderungen der entsprechenden Sportart oder Disziplin ausrichtet. Aus der Beschreibung der speziellen Ausdauer geht hervor, dass sie sich nicht auf ein besonderes Merkmal konzentriert, sondern alle relevanten Ausdauerfähigkeiten umfasst. So werden zum Beispiel in der speziellen Ausdauer aerobe und anaerobe Fähigkeiten sowie Kraft und Schnelligkeit zusammengefasst. Neben den genannten unterschiedlichen Ausdauerfähigkeiten sind selbstverständlich auch vielfältige koordinative, technische und taktische Fähigkeiten von Bedeutung. Insbesondere die verschiedenen Aspekte der speziellen Ausdauer verdeutlichen die Komplexität der Anforderungen an einen Sportler für die jeweilige Sportart.

Auf Grund der Vielzahl der aufgezeigten Arten und Erscheinungsformen der Ausdauer wird deutlich, dass es eine einzelne Form der Ausdauer nicht gibt, sondern dass sich die Ausdauerleistungsfähigkeit für eine Sportart oder Disziplin immer aus mehreren leistungsbestimmenden Komponenten zusammensetzt.

Sportbiologische Grundlagen

Grundlagen des Herz-Kreislauf-Systems

Herz, Körper- und Lungenkreislauf

Die Zellen des Körpers werden über das Herz-Kreislauf-System mit Blut und somit mit Sauerstoff und Nährstoffen versorgt. Das Blut wird – angetrieben vom ständig pumpenden Herz – durch die Blutgefäße transportiert. Das Herz lässt sich in 2 Hälften unterteilen, wobei jede Hälfte aus einem sog. Vorhof und einer Herzkammer besteht. Vorhöfe und Kammern werden durch zwei Herzklappen voneinander getrennt, die – wie eine nur in eine Richtung zu öffnende Tür – verhindern, dass das Blut aus der Kammer wieder zurück in den Vorhof fließt.
Die rechte Herzhälfte pumpt das aus dem Körper stammende sauerstoffarme Blut in den Lungenkreislauf, die linke Herzhälfte pumpt das aus der Lunge stammende sauerstoffreiche Blut in den Körperkreislauf. Auch am jeweiligen Ausgang der beiden Kammern befindet sich eine Herzklappe, die verhindert, dass das einmal vom Herzen herausgepumpte Blut wieder zurückfließt. Auf diese Weise wird ein kontinuierlicher Blutstrom in eine Richtung gewährleistet.
Die Blutgefäße, die zum Herzen hinführen, bezeichnet man als Venen, die Gefäße, die vom Herzen wegführen, als Arterien.

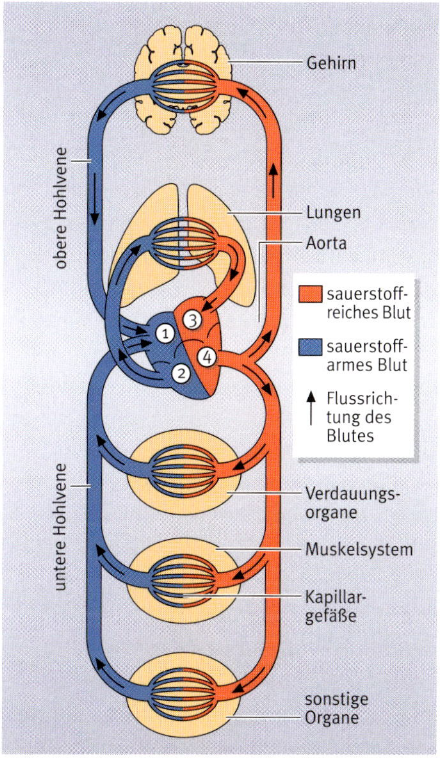

Schematischer Aufbau des Herzens und des Kreislaufsystems. 1: rechter Vorhof, 2: rechte Kammer, 3: linker Vorhof, 4: linke Kammer

Herzklappen

Die Herzklappen bestehen aus einer dünnen Haut, die in die Innenauskleidung des Herzens übergeht. Die Klappen spielen im Sport aus medizinischer Sicht deshalb eine Rolle, weil bestimmte Bakterien, die besonders bei Hals-, Zahn- und Kieferinfekten auftreten (die sog. Streptokokken), vor allem bei hoher mechanischer Reizung, also wenn das Herz wie beim Sporttreiben schnell schlägt, gerne die Klappen besiedeln und zu deren Entzündung und späterer Vernarbung führen können.

Sportherz

Das Herz selbst ist ein Hohlmuskel. Die Kammern und Vorhöfe werden von der eigentlichen Herzmuskulatur umschlossen, die aus einzelnen Herzmuskelzellen besteht. Die Größe des Herzens kann bei regelmäßigem Ausdauertraining erheblich zunehmen, es entwickelt sich ein Sportherz. So kann sich das Herzvolumen von etwa 800 ml bei einem untrainierten Menschen bei einem Ausdauertrainierten mehr als verdoppeln. Das größte jemals gemessene Sportherz eines Radrennfahrers hatte ein Volumen von 1700 ml. Die Entwicklung eines Sportherzens ist nicht krankhaft. Das vergrößerte Herz bildet sich bei Reduktion der sportlichen Aktivitäten im Laufe der Monate wieder zurück, ebenso wie sich ein Skelettmuskel zurückbildet, wenn er nicht mehr trainiert wird.

Im Vergleich zum Normalherzen kann ein Sportherz die gleiche Leistung mit einer niedrigeren Herzfrequenz erbringen. Es arbeitet ökonomischer, da es einen geringeren Sauerstoffbedarf hat. Daher ist auch aus Sicht der Herzgesundheit ein regelmäßiges Ausdauertraining wünschenswert.

Herzmuskelzellen und elektrische Herzerregung

Die Herzmuskelzellen haben aus sportmedizinischer Sicht eine große Bedeutung. Sie werden nämlich bei Infektionserkrankungen gelegentlich von bestimmten Viren befallen und in ihrer Leistungsfähigkeit beeinträchtigt. Es kommt dann zur sog. Herzmuskelentzündung, die, wenn unerkannt, für einen großen Teil der plötzlichen Todesfälle bei jungen Sportlern verantwortlich ist.

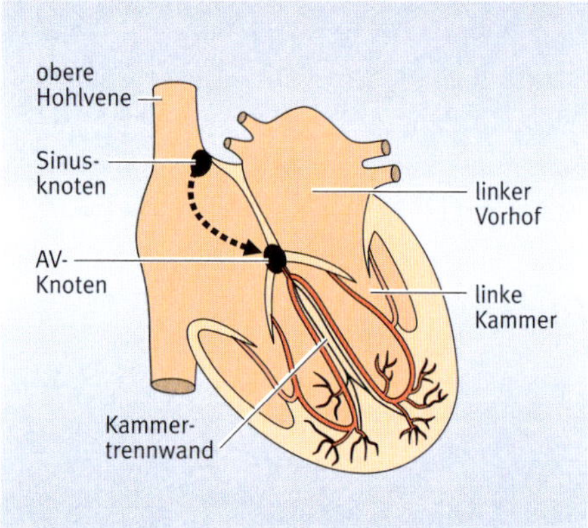

Reizbildungs- und Leitungssystem des Herzens

Die einzelnen Herzmuskelzellen kontrahieren in einer geordneten Weise, sodass es zu einem abgestimmten Zusammenziehen und Erschlaffen kommt. Bei der Kontraktion drückt die Herzmuskulatur das sich im Herzen befindende Blut in die durch die Herzklappenöffnungen vorgegebene Richtung. Bei der Erschlaffungsphase wird quasi wie bei einem Ansaugvorgang das Blut vor den Vorhöfen in das Herz hineingezogen. Der geordnete Ablauf der Kontraktionen wird durch das so genannte Reizbildungs- und Reizleitungssystem gewährleistet. Es handelt sich hierbei um spezielle Zellen des Herzens, die entweder als elektrischer Taktgeber für den Beginn der Kontraktion fungieren (der Sinusknoten) bzw. die elektrische Erregung und damit die Kontraktion auf geordnete Weise über den gesamten Herzmuskel verbreiten. Diese elektrischen Signale werden bei der Aufzeichnung eines Elektrokardiogramms (EKG) gemessen. Bestimmte Veränderungen der Herzstromkurven können auf Erkrankungen des Herzens hinweisen. Da eine Herzerkrankung ein mögliches Risiko beim Sporttreiben bedeuten kann, sollten Sportler/innen regelmäßig ihre Herzstromkurve unter Körperruhe und unter Belastung (Belastungs-EKG) kontrollieren lassen.

Herzkranzgefäße

Das Herz selbst wird über die sog. Herzkranzgefäße mit sauerstoffhaltigem Blut versorgt. Bei einer Arterienverkalkung (Arteriosklerose) sind diese Herzkranzgefäße nicht mehr ausreichend durchlässig, es kommt vor allem unter körperlicher Belastung zu einer Mangelversorgung. Bei ausgeprägten Einengungen kann es bis zum Totalverschluss kommen, der zum Herzinfarkt führt. Eine nicht bekannte Arteriosklerose der Herzkranzgefäße ist bei älteren Sportler/innen die Hauptursache für plötzliche Todesfälle beim Sporttreiben.

Arterien und Venen

Das sauerstoffhaltige Blut gelangt aus dem linken Herzen zunächst in die Hauptschlagader (Aorta) und dann über immer dünner werdende Arterien bis an jede Körperzelle heran. Es erreicht somit auch die Muskulatur. Die arteriellen Gefäße haben eine recht dicke Wand, da in ihnen – bedingt durch die Kontraktion des Herzens – ein hoher Druck herrscht. Denn das Blut muss ja bis an die letzte Körperzelle heran gelangen.
Im Bereich der Muskulatur sind die Blutgefäße nur noch hauchdünn. Sie werden nun als Kapillaren bezeichnet. In diesen Kapillaren findet der Austausch von Sauerstoff und Kohlendioxid statt. Der Sauerstoff gelangt in die Muskelzellen hinein und das

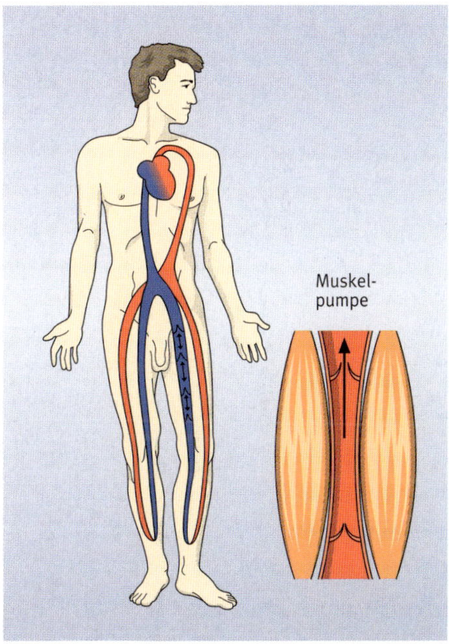

Prinzip der Muskelpumpe beim venösen Rückstrom

im Energiestoffwechsel entstandene Kohlendioxid wird vom Blut aufgenommen. Hier findet auch der Nährstoffaustausch und der Abtransport von Stoffwechselprodukten, wie zum Beispiel der unter Belastung entstandenen Milchsäure (Laktat) statt.
Die Kapillaren werden nach Umfließen der einzelnen Zellen wieder zunehmend weiter, sie sind jedoch im Vergleich zu den Arterien deutlich dünnwandiger und heißen Venolen und die größeren Venen. Sie vereinen sich zur oberen und unteren Hohlvene und münden in den rechten Vorhof des Herzens.
In den Venen ist der Druck nur noch gering, der Rückstrom zum Herzen ist erschwert. Durch körperliche Belastung im Bereich der Beine, also z. B. beim Joggen, wird das Blut in den Venen zusätzlich durch die so genannte Muskelpumpe zurück zum Herzen gedrückt. Dies hilft, der Entstehung von Krampfadern, also verdickten und nicht mehr voll funktionstüchtigen Venen, vorzubeugen.

Blutdruck

Als Blutdruck wird der Druck in einem Blutgefäß oder auch im Bereich des Herzens verstanden. Er variiert sehr stark, je nachdem, an welcher Stelle des Gefäßsystems und in welcher Phase der Herzaktion gemessen wird. Die übliche Messung des Blutdrucks erfolgt im Bereich der größeren, herznahen arteriellen Gefäße am Oberarm. Im Mittel liegt der Druck in der Anspannungs- bzw. Austreibungsphase des Herzens (Systole) bei etwa 120 mmHg, in der Erschlaffungsphase noch bei etwa 80 mmHg. Bei muskulärer Anspannung, zum Beispiel beim Krafttraining, kann der Druck durch Überlagerung des Muskeldrucks auf die Arterien und vor allem beim sog. Pressdruck erheblich ansteigen, was bei Menschen, die ohnehin einen erhöhten Blutdruck aufweisen, gefährlich werden kann. Bei Ausdauerbelastungen sind die Blutdruckanstiege hingegen nur moderat, da es zwischendurch immer zu Entspannungsphasen der Muskulatur kommt. Dies ist einer der Gründe, warum Ausdauersportarten als gesundheitlich besonders günstig angesehen werden.

Blut

Das Blut ist der eigentliche Transporteur von Sauerstoff, Kohlendioxid, Nährstoffen, Stoffwechselprodukten, Salzen und Wärme. Es enthält flüssige Bestandteile, das sog. Blutplasma oder Serum, sowie Blutzellen, die verschiedene Aufgaben des Blutes wahrnehmen. Hierzu gehört zum Beispiel die Abwehr von Erregern durch die Abwehrzellen und die Blutstillung durch die Blutplättchen. Die roten Blutkörperchen sind vor allem für den Transport von Sauerstoff verantwortlich.
Dies spielt im Ausdauersport eine besonders große Rolle. Bei einem Mangel an roten Blutkörperchen, einer so genannten Anämie, ist die Transportleistung des Blutes und damit auch die Sauerstoffversorgung der Muskulatur eingeschränkt. Eine solche Anämie kann durch eine Unterversorgung mit Eisen und Folsäure in der Ernährung entstehen und wird dann durch Medikamente behandelt. Auch die Zufuhr des auf der Dopingliste stehenden und damit verbotenen Hormons Erythropoietin (EPO) stimuliert die Bildung von roten Blutkörperchen.

Grundlagen des Atmungssystems

Atemmuskulatur

Das Einsaugen der Luft erfolgt durch Kontraktion der Atemmuskulatur, die den Brustkorb anhebt, das Zwerchfell senkt sich. Das Ausatmen erfolgt überwiegend passiv. Normalerweise ist bei einem gesunden Menschen die Atmung kein limitierender Faktor für die Leistungsfähigkeit. Im Rahmen eines langjährigen Trainingsprozesses vergrößert sich das Volumen der Lunge ebenso, wie das Herz größer wird. Auch die Atemmuskulatur wird kräftiger und ermüdet nicht so schnell. Das bedeutet, dass unter maximaler Belastung eine größere Menge an Luft ventiliert und somit auch mehr Sauerstoff aufgenommen bzw. Kohlendioxid abgegeben werden kann.

Eine untrainierte Atemmuskulatur ist einer der Gründe, die das sog. Seitenstechen beim Sporttreiben verursachen kann. Hierbei kommt es wahrscheinlich zu einer Unterversorgung des Zwerchfells mit Blut und zu einer Art Muskelkrampf im Zwerchfell. Ruhiges, langsames und vollständiges Ausatmen in vorgebeugter Stellung hilft meist, das Seitenstechen zu beseitigen.

Lungenvolumen

Die Luftmenge, die unter Ruhebedingungen willkürlich maximal ein- und ausgeatmet werden kann, ist die so genannte Vitalkapazität. Sie stellt bei Gesunden einen guten Parameter für das gesamte Lungenvolumen dar und kann bei einer ärztlichen Untersuchung mittels der Lungenfunktionsdiagnostik gemessen werden.

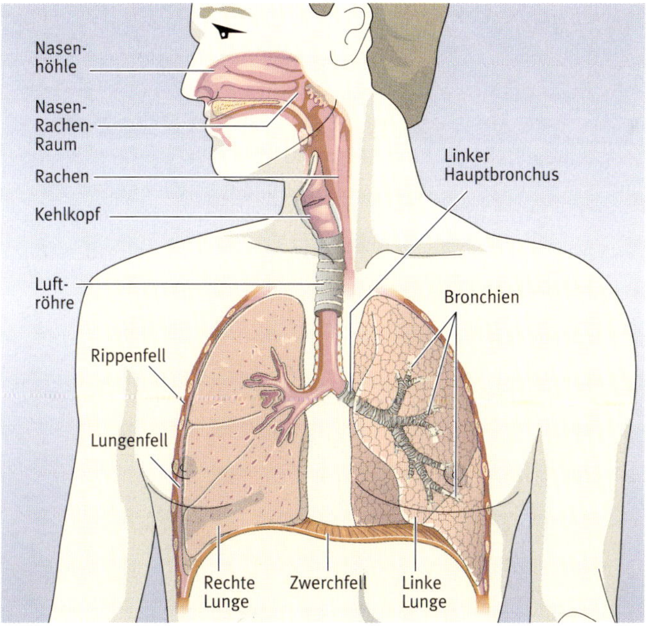

Aufbau der Lunge und der Luftwege

Die unter Belastung erreichbare maximale Ventilation, das maximale Atemminutenvolumen (AMV), wird bei einer leistungsdiagnostischen Untersuchung mit körperlicher Ausbelastung mittels der so genannten Spirometrie gemessen.

Asthma

Bei Sportler/innen tritt nicht selten ein Asthma auf. Dieses kann durch eine Allergie zum Beispiel gegen Pollen, Tierhaare etc., aber auch durch eine körperliche Belastung per se ausgelöst werden, da es beim Sporttreiben vor allem in kalten Umgebungsbedingungen zu einer Austrocknung und Auskühlung der Bronchien kommen kann. Hierbei verengen sich die kleinen Luftwege, die Bronchiolen, sondern einen zähen Schleim ab und es kommt zu einer Entzündung. Die Diagnose wird durch eine ärztliche Untersuchung und eine Lungenfunktionsuntersuchung gestellt. Ein Asthma muss häufig mit Medikamenten behandelt werden. Bedeutsam ist hierbei, dass manche Asthmamittel auf der Dopingliste stehen und im Leistungssport nur mit ärztlichem Attest genommen werden dürfen.

Grundlagen des Energiestoffwechsels

Energie

Für alle Lebensprozesse, insbesondere auch für sportliche Belastungen, wird Energie benötigt. Diese wird dem Körper durch die Nahrung zur Verfügung gestellt. Die aufgenommenen Nahrungskomponenten werden im Körper in ihre Bestandteile zerlegt, die entweder zum Aufbau körpereigener Verbindungen herangezogen werden (Muskelaufbau, Körperfettspeicher) oder deren chemische Energie direkt in eine für den Körper nutzbare Energieform umgesetzt wird, wie zum Beispiel bei der ATP-Neubildung im Rahmen des Muskelstoffwechsels.

Energiebereitstellung oder ATP-Neubildung

Für jede Form von Muskelarbeit ist Energie notwendig. Diese Energie wird durch Spaltung des universellen Energiespeichers, des Adenosintriphosphates (ATP), gewonnen.

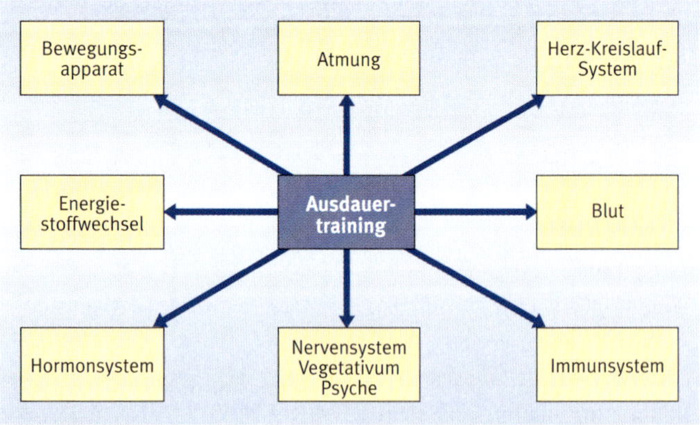

Ausdauertraining wirkt auf den Energiestoffwechsel und alle weiteren Körpersysteme.

Anaerob laktazide und aerobe ATP-Resynthesewege

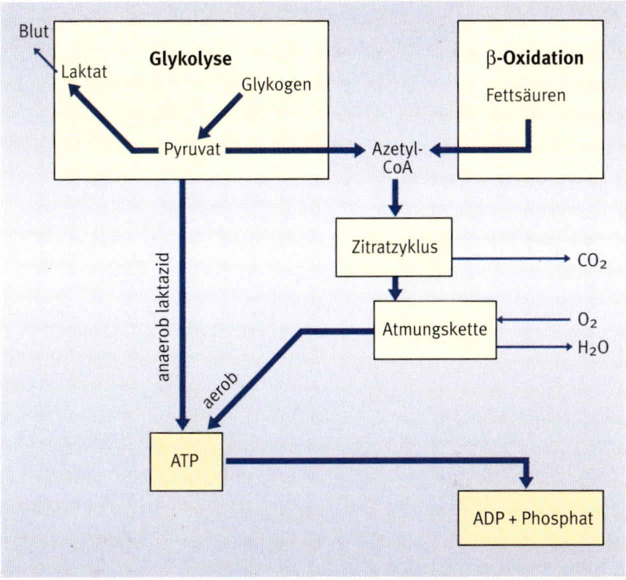

Innerhalb der Muskelzelle ist nur eine sehr begrenzte Menge an ATP vorhanden. Wir könnten nur drei bis vier maximale Muskelanspannungen entsprechend einer Dauer von weniger als 2 bis 3 Sekunden durchführen, wenn diese allein aus dem vorhandenen ATP bestritten werden sollen. Daher müssen innerhalb der Muskelzelle Mechanismen vorhanden sein, die schnell und effektiv ATP wieder zur Verfügung stellen. Diese Mechanismen der Neubildung von ATP bezeichnet man als »Energiebereitstellung« oder ATP-Neubildung.

Dafür stehen drei verschiedene Wege zur Verfügung:

1. der anaerob-alaktazide Weg ohne den Einsatz von Sauerstoff und ohne die Bildung von Milchsäure;

2. der anaerob-laktazide Weg der Spaltung von Zucker (Glukose) bis zur Brenztraubensäure (Pyruvat) und weiter bis zum (vorübergehenden) Endprodukt Milchsäure (Laktat); und

3. die aeroben Wege der vollständigen Verbrennung (Oxidation) von Zucker oder von Fettsäuren zu Kohlendioxid und Wasser.

Der erste Weg – die anaerob-alaktazide ATP-Neubildung – liefert sehr schnell Energie, die jedoch nur für kurze Belastungen ausreicht. Sie lässt sich vergleichen mit einer Explosion von Dynamit. Typisch für diese Form der Energiebereitstellung sind beispielsweise Sprünge, Antritte sowie Wurf- und Stoßdisziplinen in der Leichtathletik. In Ausdauersportarten spielt die anaerob-alaktazide ATP-Bildung praktisch keine Rolle.

Der zweite Weg – die anaerob-laktazide Energiebereitstellung – liefert immer noch relativ schnell Energie, etwa wie in einem Benzinmotor. Bei diesem Weg beendet die zunehmende Übersäuerung auf Grund der Bildung von Milchsäure jedoch die weitere Muskelarbeit. Dies entspricht dem Gefühl »dicker Beine«, wenn bei einem 400-Meter-Lauf auf den letzten 100 Metern scheinbar plötzlich »nichts mehr geht«. Das ist auch gut so, da es sonst zu einer Selbstzerstörung der Muskulatur käme. Daher ist bei maximaler Stimulation der Milchsäurebildung die Dauer einer Belastung auf etwa 1 bis 2 Minuten intensiver Muskelarbeit begrenzt. Die Milchsäure gelangt aus der Muskulatur ins Blut und kann dort zum Beispiel im Rahmen von standardisierten leistungsdiagnostischen Tests gemessen werden. Typische, hochintensive Sportarten, bei denen diese Form der Energiebereitstellung stark arbeitet, sind die leichtathletischen Mittelstreckenläufe, also der 400-Meter- und 800-Meter-Lauf. Die Übersäuerungstoleranz ist bis zu einem gewissen Grad trainierbar, sodass »typische« Mittelstreckenläufer/innen deutlich mehr Milchsäure produzieren können und vertragen als Untrainierte und Sportler/innen aus dem Langzeitausdauerbereich. Auch bei Belastungen mittlerer Intensität, also beispielsweise bei Kurzzeit- und Mittelzeitausdauerbelastungen, wird immer etwas Milchsäure gebildet. Die Höhe der Übersäuerung hängt hierbei neben dem Trainingszustand von der Intensität der Belastung, also zum Beispiel von der Laufgeschwindigkeit ab. Daher wird bei intensiveren Kurzzeitausdauerbelastungen etwas mehr Milchsäure gebildet als bei Mittelzeitausdauerbelastungen. In diesen Fällen ist der stattfindende Milchsäureabbau etwa so stark wie die Neubildung in der Muskulatur, sodass sich ein Gleichgewicht zwischen Laktatbildung und -elimination einstellen kann, das so genannte Laktat-Gleichgewicht oder aerob-anaerobe Schwelle (AAS). Kurzzeit- oder Mittelzeitausdauerbelastungen können nur knapp oberhalb des maximal möglichen Laktat-Gleichgewichts betrieben werden, da ansonsten die zunehmende Übersäuerung zur vorzeitigen Ermüdung und zum Ausstieg aus dem Wettkampf führen würde.

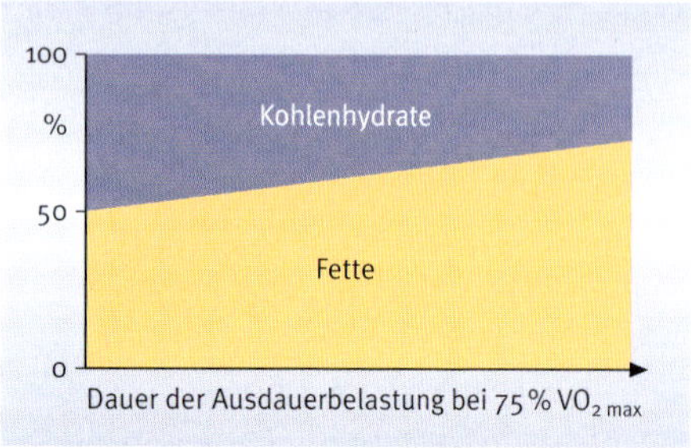

Verschiebung der Anteile der Fett- und Kohlenhydratverbrennung

Bei den aeroben Verbrennungsprozessen werden Zucker und Fettsäuren wie auf mittlerer bzw. kleiner Flamme langsam verbrannt. Die Zuckerverbrennung liefert hierbei etwa doppelt so viel Energie pro Zeit wie die Fettverbrennung, dafür brennen die Fette aber noch länger, etwa vergleichbar einer ständig flackernden Öllampe. Typische Sportarten, bei denen vor allem Zucker verbrannt wird, sind all diejenigen, die bis zu etwa 1 Stunde dauern und mit mittlerer Intensität betrieben werden. Bei den meisten Sportarten laufen beide Verbrennungsprozesse nebeneinander ab, jedoch in wechselnden Anteilen. Je niedriger die Belastungsintensität, also zum Beispiel die Laufgeschwindigkeit, und je länger die Belastung dauert, umso höher wird der Anteil der Fette an der Energiebereitstellung. Fette werden jedoch – entgegen häufig vorherrschender Meinung – auch schon bei kurz dauernden Belastungen verbraucht, wenn diese moderat betrieben werden. Bei hoher Intensität kommt die Fettverbrennung zum Erliegen. Während lang dauernder, niedrig intensiver Belastung mit kontinuierlicher Abnahme der Zuckerspeicher kommt es zu einer Verschiebung der Substratverbrennung von der Zucker- in Richtung Fettverbrennung. So verschiebt sich bei einer Belastungsintensität von 30 bis 40 Prozent der maximalen Leistung der Anteil der Fettverbrennung mit zunehmender Dauer von etwa 30 bis 40 Prozent in den ersten 1 bis 2 Stunden bis zu 60 bis 70 Prozent nach mehreren Stunden. Da die Zuckerneubildung ausreicht, um den Verbrauch zu decken, kann eine derartige Belastungsintensität sehr lange durchgehalten werden. Bei höherer Belastungsintensität von beispielsweise 70 Prozent der Maximalleistung wird der Energiebedarf zu Beginn nur noch zu 20 bis 30 Prozent von der Fettverbrennung gedeckt und steigt entsprechend weniger mit zunehmender Belastungsdauer auf 40 bis 50 Prozent. Da die Zuckerneubildung den hohen Bedarf jetzt nicht mehr abdecken kann, kommt es nach einigen Stunden zur Unterzuckerung und somit zum Belastungsabbruch oder zu einer deutlichen Reduktion der Belastungsintensität. Dies erklärt zum Beispiel, warum bei Marathonläufen auf den letzten Kilometern insbesondere Breitensportler/innen, die ihre Leistungsfähigkeit falsch einschätzen, einen »Einbruch« erleben und zwangsläufig langsamer laufen müssen. Ausdauertrainierte haben bei gleicher relativer Belastungsintensität einen höheren Anteil Fettverbrennung. Dies bedeutet, dass sie die gleiche relative Belastungsintensität länger durchhalten oder in der gleichen Zeit eine höhere Intensität bewältigen können.

Unterschiede zwischen den Energie liefernden Systemen

Die beschriebenen ATP-Neubildungswege unterscheiden sich im Hinblick auf die:

1. Kapazität, also die Gesamtmenge der in der Muskelzelle gespeicherten Vorräte bzw. der während der Belastung in die Muskel-

Eigenschaften der ATP-Resynthesewege

Energie-lieferndes System	Kapazität (mmol/kg)	Menge an ATP pro Molekül	Leistungs-fähigkeit (mmol/kg/s)	Beispiele aus dem Inlineskating	Halbwertszeit der Erholung ($t_{1/2}$)
ATP → ADP Kreatin-phosphat → Kreatin	26	1	2,6	Antritte, Kurz-sprints	15 s
Glykogen → Laktat	60–75	3	1,4	Aggressive-, Speed-Skating (kurze Strecken), Half-Pipe	15 min
Glykogen → $CO_2 + H_2O$	3100	39	0,51–0,68	Speed-Skating (längere Strecken), Fitness-Skating, Inline Marathon	bei Erschöpfung der Substrate Tage bis Wochen
Fettsäure → $CO_2 + H_2O$	nahezu unbegrenzt	129 (Palmi-tin-Säure)	0,24	Fitness-Skating, Inline Marathon	

zelle transportierbaren Mengen der jeweiligen Ausgangssubstanzen. Sie begrenzen die maximal mögliche Bildungsmenge an ATP;
2. Leistungsfähigkeit der verschiedenen Systeme, also der Geschwindigkeit der ATP-Neubildung aus den jeweiligen Ausgangssubstanzen;
3. Erholungsfähigkeit der Systeme, also der Aufladegeschwindigkeit der Substratspeicher (Zucker, Fettsäuren) nach Entleerung bzw. dem Abtransport von Milchsäure aus der Skelettmuskelzelle und aus dem Blut sowie dem eigentlichen Milchsäureabbau.
Wichtig ist, dass niemals ein System alleine zur Energiebereitstellung beiträgt, sondern dass es sich immer um eine Mischung der verschiedenen Systeme handelt. Hierbei verschieben sich die Anteile der Systeme zur Deckung des gesamten ATP-Bedarfs in Abhängigkeit von der Art, Dauer und Intensität einer körperlichen Belastung erheblich.

Erholung nach Übersäuerung

Die Konzentration von Milchsäure im Blut beträgt in Ruhe etwa 1 bis 1,5 mmol/l. Nach einem 800-Meter-Lauf werden Werte von 20 mmol/l und mehr erreicht. Die mittlere Halbwertszeit des Blutlaktats beträgt 15 Minuten. Das heißt, dass nach 15 Minuten die Konzentration auf die Hälfte gesunken ist, nach weiteren 15 Minuten wiederum auf die Hälfte usw. Die Verstoffwechselung erfolgt hierbei in Leber, Herz und wenig beanspruchter Skelettmuskulatur. Bei niedrigen Milchsäurekonzentrationen liegt die Halbwertszeit nur bei etwa 10 Minuten, bei hohen Konzentrationen bei bis zu 25 Minuten. Zu berücksichtigen ist außerdem, dass bei hohen Laktatspiegeln in

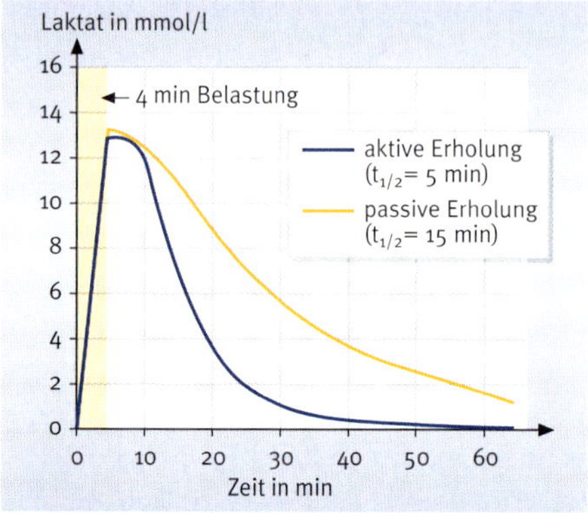

Beschleunigung des Laktatabbaus durch aktive Erholung

der Muskulatur der Maximalwert im Blut erst 7 bis 12 Minuten nach dem Ende der Belastung erreicht wird. Das liegt daran, dass der Übertritt des Laktats aus der Muskulatur ins Blut eine gewisse Zeit benötigt. Eine Blutlaktatkonzentration von 20 mmol/l nach einer sehr intensiven Belastung und einer Eliminationshalbwertszeit von 25 Minuten benötigt somit etwa 4 Halbwertszeiten (10; 5; 2,5; 1,25), also 100 Minuten, bis der Ruhewert von etwa 1 mmol/l wieder erreicht ist. Durch aktive Erholung wie lockeres Auslaufen kann dieser Prozess jedoch beschleunigt und die Erholung um fast die Hälfte der Zeit verkürzt werden

Zuckerspeicher und Fettspeicher

Zucker (Glukose, Kohlenhydrate) wird im Körper in Form von Glykogen in der Leber oder in der Skelettmuskulatur gespeichert. Bereits eine dreistündige Ausdauerbelastung mittlerer Intensität kann zu einer Abnahme des Muskelglykogens auf 60 Prozent des Ausgangswertes führen. Erschöpfende,

lang dauernde Belastungen (Marathon, Ultra-Triathlon) können sogar zu einer vollständigen Entleerung der Glykogendepots führen. Auch wiederholte Trainingsbelastungen an aufeinander folgenden Tagen führen bei nicht optimaler Ernährung, also bei einer zu geringen täglichen Kohlenhydratzufuhr, zu einer kontinuierlichen Abnahme der Glykogenspeicher. Je nach Entleerungsgrad dauert es Tage bis Wochen, bis die Speicher wieder ihr normales Niveau erreichen. Dies erklärt u.a., warum nur wenige Marathonläufe im Jahr mit hoher Intensität gelaufen werden können. Selbst bei optimaler, also kohlenhydratreicher Ernährung (70 %iger Kohlenhydratanteil an der Energiezufuhr) dauert es etwa 1 bis 2 Tage, bis die Depots wieder vollständig oder sogar etwas über das Ausgangsniveau hinaus aufgefüllt sind (Superkompensation, S. 66).
Auf Grund der begrenzten Speichermenge von Zucker im Körper und der relativ langsamen Wiederauffüllung muss bei höheren Belastungsumfängen (z.B. höhere wöchentliche Trainingskilometer beim Laufen) daher zwangsläufig die Intensität, also beispielsweise die Laufgeschwindigkeit gesenkt werden. Ansonsten würde es zu einer dauerhaften Glykogenverarmung mit Verschlechterung der Leistungsfähigkeit bis hin zu Übertrainingszuständen mit verstärktem Eiweißabbau kommen. Die Fettspeicher im Körper reichen selbst bei normalgewichtigen bis schlanken Menschen mehrere Wochen, um den Verbrauch bei moderater körperlicher Aktivität zu ersetzen. Intensive Belastungen können – wie beschrieben – nicht allein aus den Fettspeichern durchgeführt werden, da die Bereitstellung von Energie hieraus zu langsam erfolgt. Es muss also zwangsläufig die Zuckerverbrennung zugeschaltet werden. Es besteht demnach insgesamt keine Notwendigkeit für eine Vergrößerung der Fettspeicher zur Optimierung des Fettstoffwechsels. Denn der limitierende Faktor ist die Kohlenhydratzufuhr.

Bedeutung der Eiweiße im Energiestoffwechsel

Eiweiße (Proteine) spielen im Energiestoffwechsel unter den meisten Bedingungen nur eine untergeordnete Rolle. Sie dienen entweder der Neubildung von Zucker oder werden abgebaut und in den Stoffwechsel eingeschleust. Unter Ruhebedingungen liegt der Anteil der Energiebereitstellung aus Proteinen bei etwa 2 Prozent.

Ausdauertraining macht allen Spaß

Beim Fasten (Glykogenmangel) sowie bei lang andauernder körperlicher Belastung kann der Anteil der Eiweißverbrennung an der Energiebereitstellung auf 5 bis 10 Prozent ansteigen. Somit gewährleistet der Proteinabbau insbesondere bei starker Beanspruchung die Aufrechterhaltung des Energiestoffwechsels. Die Aminosäuren, die Grundbausteine der Eiweiße, gehen hierbei jedoch möglicherweise als Material für Strukturproteine, Abwehrkörper des Immunsystems etc. verloren. Dies führt sowohl zu einer verzögerten Regeneration bzw. einer reduzierten Anpassungsfähigkeit als auch zu gesundheitlichen Schädigungen wie zu Störungen des Immunsystems mit erhöhter Infektanfälligkeit. In Phasen hoher bzw. insbesondere lang andauernder körperlicher Belastung ist demnach um so mehr auf eine quantitativ und qualitativ hochwertige Eiweißzufuhr über die Nahrung zu achten. Diese sollte jedoch auch in diesen Phasen 2,0 g/kg Körpergewicht nicht überschreiten.

Sauerstoffaufnahme, Kohlendioxidabgabe und respiratorischer Quotient

Im Energiestoffwechsel wird für die Verbrennung von Zucker und Fetten Sauerstoff benötigt. Dieser wird über die Atmung und die Lunge aufgenommen, gelangt ins Blut und in die roten Blutkörperchen und wird durch die Pumpleistung des Herzens transportiert. In den kleinsten Blutgefäßen wird er dann an die Muskelzellen abgegeben und in den Mitochondrien, den so genannten Kraftwerken der Zellen, zur Verbrennung und Energiebereitstellung genutzt. In diesen

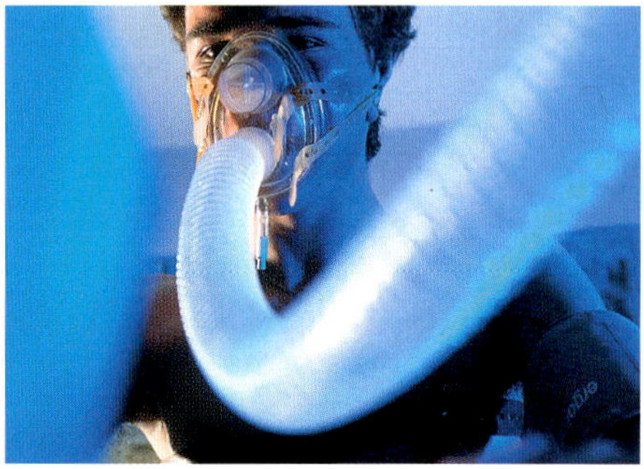

Atemgasanalyse durch Spirometrie

Kraftwerken entsteht quasi als Abfallprodukt bei der Zucker- und Fettverbrennung Kohlendioxid, welches über den umgekehrten Weg den Körper verlässt, also abgeatmet wird. Die Ausdauerleistungsfähigkeit wird unter anderem bestimmt durch die Sauerstoffmenge, die maximal vom Körper aufgenommen und zur Energiegewinnung genutzt werden kann, die so genannte maximale Sauerstoffaufnahme oder VO_{2max}. Bei den Ausdauersportarten, bei denen das Körpergewicht nicht getragen werden muss, also zum Beispiel beim Rudern, ist die absolute VO_{2max} eine leistungsbestimmende Größe. So erreichen Weltklasse-Ruderer VO_{2max}-Werte von 6 Liter pro Minute. Die Werte untrainierter Männer liegen bei etwa 3,3 Liter pro Minute, diejenigen von untrainierten Frauen bei etwa 2,2 Liter pro Minute. In den Sportarten, in denen das Körpergewicht getragen werden muss, wird die Sauerstoffaufnahme auf das Körpergewicht bezogen. Untrainierte erreichen Werte von etwa 45 ml/min/kg (Männer) bzw. 35 ml/min/kg (Frauen). Weltklasse-Läufer liegen hier über 80 ml/min/kg, die entsprechenden Läuferinnen über 70 ml/min/kg.

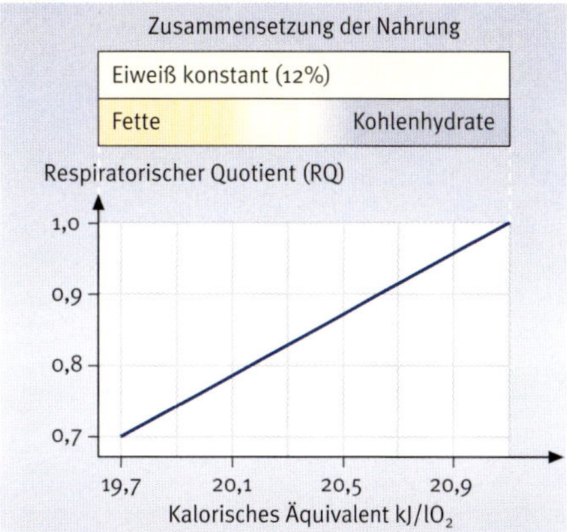

RQ	Fette (%)	KH (%)
1,00	0	100
0,90	34	66
0,85	50	50
0,80	66	34
0,70	100	0

Respiratorischer Quotient (RQ) in Abhängigkeit von der Fett- und Kohlenhydratverbrennung

Aus der Messung der Sauerstoffaufnahme und der Kohlendioxidabgabe lassen sich in der Leistungsdiagnostik wichtige Erkenntnisse über den Energiestoffwechsel ziehen. Bei reiner Zuckerverbrennung entsteht die gleiche Menge Kohlendioxid (CO_2), wie Sauerstoff (O_2) verbraucht wird. Ein gebildeter Quotient aus beiden Größen, der so genannte respiratorische Quotient (RQ) als Verhältnis von CO_2-Abgabe durch O_2-Aufnahme ergibt demnach einen Wert von 1. Bei reiner Fettverbrennung muss deutlich mehr Sauerstoff eingesetzt werden als Kohlendioxid entsteht. Der RQ wird also kleiner als 1, er liegt bei 0,7. Wenn man nun im Rahmen von leistungsdiagnostischen Untersuchungen unter Belastung mit Hilfe spezieller Atemmasken die Sauerstoffaufnahme und die Kohlendioxidbildung misst, kann man daraus direkt die Anteile von Fett- und Kohlenhydratverbrennung in der Muskulatur berechnen. Ein gemessener RQ-Wert von 0,85 liegt beispielsweise genau zwischen den Werten von 0,7 und 1 und entspräche damit 50 Prozent Fettverbrennung und 50 Prozent Zuckerverbrennung in der Muskulatur.

Fettstoffwechseltraining

Mit Hilfe von spirometrischen Belastungsuntersuchungen kann man nachweisen, dass mit zunehmender Intensität einer Belastung

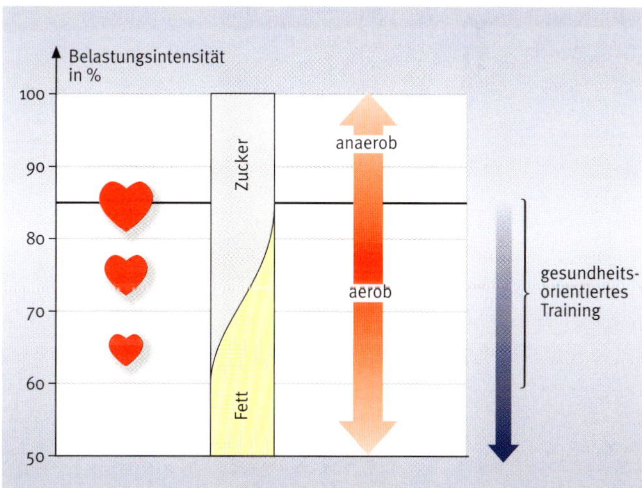

Stoffwechselanteile in Abhängigkeit von der Belastungsintensität

Energieverbrauch bei unterschiedlichen Ausdauerbelastungen und Geschwindigkeiten in Abhängigkeit vom Körpergewicht

Kalorienverbrauch (kcal/min) bezogen auf Aktivität und Körpergewicht

Körpergewicht in kg		**50**	**55**	**59**	**64**	**70**	**75**	**80**	**86**	**91**	**95**	**100**
Körperruhe		1,1	1,2	1,3	1,4	1,5	1,6	1,7	1,9	2	2,1	2,2
Gehen (km/h)	1,5	1,7	1,8	2	2,2	2,4	2,5	2,7	2,9	3,1	3,2	3,4
	3	2,3	2,5	2,8	3	3,3	3,5	3,7	4,1	4,3	4,5	4,7
	4	2,5	2,8	3	3,2	3,6	3,8	4,1	4,3	4,7	4,9	5,1
	6	3,7	4	4,4	4,7	5,3	5,6	6	6,5	6,9	7,2	7,6
Laufen (km/h)	8	6,6	7,3	7,9	8,5	9,4	10	10,6	11,6	12,2	12,8	13,4
	9	7,3	8	8,7	9,4	10,4	11,1	11,7	12,8	13,4	14,1	14,8
	10	8	8,7	9,5	10,2	11,3	12	12,8	13,8	14,6	15,4	16,1
	11	9,3	10,2	11	11,9	13,2	14,1	14,9	16,2	17,1	17,9	18,8
	12	10,7	11,6	12,6	13,6	15,1	16,1	17,1	18,5	19,5	20,5	21,5
	14	11,9	12,9	14	15,1	16,8	17,9	19	20,6	21,7	22,8	23,9
	16	13,3	14,5	15,7	17	18,8	20	21,3	23,1	24,2	25,4	26,7
	18	14,6	16	17,3	18,7	20,7	22,1	23,4	25,4	26,8	28,1	29,5
	20	16	17,4	18,9	20,4	22,6	24,1	25,6	27,8	29,2	30,7	32,2
Radfahren (km/h)	8	2,1	2,3	2,5	2,7	3	3,2	3,4	3,7	3,9	4,1	4,3
	16	4,6	5,1	5,5	5,9	6,6	7	7,4	8,1	8,5	8,9	9,4
	24	8	8,7	9,5	10	11,3	12	12,7	13,8	14,5	15,3	16
	32	11,7	12,8	13,9	14,9	16,5	17,6	18,7	20,3	21,3	22,4	23,5
Inlineskaten (km/h)	15	4,6	5,1	5,5	5,9	6,6	7	7,4	8,1	8,5	8,9	9,4
Schwimmen (m/min) Rücken	25	2,8	3	3,3	3,5	3,9	4,2	4,4	4,8	5,1	5,3	5,6
	30	3,9	4,2	4,6	4,9	5,5	5,8	6,2	6,7	7,1	7,4	7,8
	35	5	5,4	5,9	6,3	7	7,5	7,9	8,6	9,1	9,5	10
Brust	20	3,5	3,8	4,1	4,5	4,9	5,3	5,6	6	6,4	6,7	7
	30	5,2	5,7	6,2	6,7	7,4	7,9	8,3	9,1	9,5	10	10,5
	40	7	7,6	8,3	8,9	9,9	10,5	11,2	12,2	12,8	13,5	14,1
Kraul	20	3,5	3,8	4,1	4,5	4,9	5,3	5,6	6	6,4	6,7	7
	25	4,4	4,8	5,2	5,6	6,2	6,6	7	7,6	8	8,4	8,8
	35	5,4	5,9	6,4	6,8	7,5	8	8,5	9,2	9,7	10,2	10,7
	45	6,3	6,9	7,5	8,1	9	9,5	10,1	11	11,6	12,2	12,8
Skilanglauf (km/h)	4	5,5	6	6,5	7	7,8	8,3	8,8	9,5	10	10,6	11,1
	6	7,2	7,8	8,5	9,2	10,2	10,9	11,5	12,5	13,2	13,8	14,5
	8	8,4	9,2	10	10,8	11,9	12,7	13,5	14,7	15,4	16,2	17

der prozentuale Anteil der Fettverbrennung an der Energiebereitstellung stetig abnimmt, während der Anteil der Zuckerverbrennung stetig zunimmt. Dennoch kommt es bei steigender Belastung zunächst auch zu einer Zunahme der absoluten Menge an verbrannten Fetten pro Zeit. Dies kann man mit Hilfe von Computersimulationen ermitteln. Mit weiter steigender Intensität nimmt auch die absolute Fettverbrennung ab, bis praktisch nur noch Zucker verbrannt wird. Das erklärt, warum zur Verbesserung des Fettstoffwechsels in der Muskulatur eher mittelintensive Belastungen als hochintensive Belastungen durchgeführt werden sollten. Zu geringe Belastungsintensitäten bringen ebenfalls wenig wegen der insgesamt zu niedrigen Stoffwechselbeanspruchung. Klassische Langzeitausdauerbelastungen mit moderater bis mittlerer Intensität sind demnach hervorragende Stimuli, um den Muskel-Fettstoffwechsel zu verbessern.

Ein Ausdauertraining mit niedrigen bis mittleren Intensitäten beansprucht in hohem Maße die Fettverbrennung. Daher wird ein derartiges Training auch als »Fettstoffwechseltraining« oder »Fatburning« bezeichnet. Diese Begriffe bedeuten noch nicht automatisch, dass damit auch die Fette aus den manchmal lästigen Fettpolstern verschwinden. Körperfett verliert man nur dann, wenn insgesamt die Kalorienzufuhr mit der Nahrung geringer ist als der Kalorienverbrauch durch sportliche Betätigung. Und dieser hängt wiederum von der Sportart, der Intensität und dem Körpergewicht ab.

Muskelkater

Eine häufige Erscheinung nach ungewohnten oder falsch dosierten Trainingsbelastungen ist der so genannte Muskelkater. Muskelkater hat nichts mit hoher Übersäuerung zu tun, wie man es immer wieder hört. Neueren Erkenntnissen zufolge handelt es sich um kleinste Verletzungen der Muskulatur, die zu einer Entzündungsreaktion führen. Das Maximum der Entzündung tritt nach 1 bis 2 Tagen auf, dann, wenn der »Kater« am größten ist. Die Mikro-Verletzungen heilen in der Regel nach wenigen Tagen aus. Beschleunigend wirken körperliche Schonung und regenerative Maßnahmen wie Wärme (Sauna, warmes Bad) und leichte Massagen. Um dem Muskelkater vorzubeugen, sollte ein Training langsam aufgebaut und gesteigert werden. Muskelkater entsteht vor allem durch so genannte exzentrische, selten jedoch durch konzentrische Belastungen, also zum Beispiel beim Laufen in der Abfangphase, nicht jedoch in der Abdruckbewegung. Beim Radfahren arbeitet die Muskulatur gleichmäßig konzentrisch, daher ist das Auftreten eines starken Muskelkaters hier deutlich seltener. Ähnliches gilt für das Schwimmen.

Übertraining

Wenn die gesamten Trainingsbelastungen, häufig verbunden mit weiteren hohen psychischen Belastungen im beruflichen oder privaten Umfeld und einer schleichenden Mangelernährung so hoch sind, dass die Regenerationsfähigkeit in den Erholungsphasen überfordert ist, kommt es zum so genannten Übertrainingszustand, der verbunden ist mit dem Gefühl von Erschöpfung, dauernder Müdigkeit und einer Verschlechterung der Leistungsfähigkeit. Die betroffenen Sportler/innen fühlen sich »ausgebrannt«. Dieser Zustand kann über Wochen und Monate andauern. Im Gegensatz dazu gehören kurz dauernde Ermüdungsphasen zum normalen Trainingsprozess. In diesen Situationen erholt man sich in der Regel innerhalb kürzester Zeit.

Bevor endgültig die Diagnose eines Übertrainingszustandes gestellt wird, sollte bei einer ärztlichen Untersuchung eine möglicherweise vorliegende Erkrankung (z. B. eine Herzmuskelentzündung, bestehende Infektionen etc.) oder eine Mangelsituation (Eisen- oder Magnesiummangel) ausgeschlossen werden, die ganz ähnliche Beschwerden machen können.

Objektive Parameter zur sicheren Diagnose eines Übertrainingszustandes gibt es trotz intensiver Forschungsbemühungen nach wie vor nicht. Die einzig wirksame Behandlung eines Übertrainings besteht in der Trainingsreduktion, Minimierung weiterer Stressfaktoren und Optimierung der Ernährung.

Talent und Gene

Unter **Talent** werden körperliche und psychische Eigenschaften verstanden, die erforderlich sind, um bei entsprechendem Training sportliche Erfolge zu realisieren. Dieses Talent hängt mit den individuellen genetischen Voraussetzungen zusammen, die uns in die Wiege gelegt worden sind. Ein sehr großer, muskulär eher kräftiger Mensch wird relativ wenig erfolgreich im Langstreckenlauf sein, bei dem ja das Körpergewicht »mitgeschleppt« werden muss. Beim Rudern hingegen kommt es vor allem auf die Gesamtleistungsfähigkeit des Körpers an, die in diesem Fall natürlicherweise sehr viel höher ist als bei einer kleinen, eher zierlichen Person. Daher finden sich im Weltklassebereich im Rudern ohne Gewichtsklassen vor allem große, kräftige Sportlerinnen und Sportler, während im Langstreckenlauf die »grazilen Gazellen« dominieren. Im leistungsorientierten Radsport unterscheidet man die leichten »Bergflöhe« von den muskelbepackten Sprinter/innen. Beide bringen in den jeweiligen spezifischen Wettkampfabschnitten Höchstleistung. Ein schwerer Sprinter wird aber niemals in den Bergen vorne mitfahren, ebenso wenig wie eine leichte Fahrerin in der Sprintentscheidung eine Rolle spielen wird. Im Ausdauersport spielen die Verbrennungsprozesse im Energiestoffwechsel eine herausragende Rolle. Das Bruttokriterium für die Ausdauerleistungsfähigkeit ist die sog. maximale Sauerstoffaufnahme (VO_{2max}). Diese ist wahrscheinlich ebenso zu einem großen Anteil genetisch bestimmt wie die Größe eines so genannten »Sportherzens«, also eines sehr großen, sehr leistungsfähigen Herzens. Ähnliches gilt für die Zusammensetzung der Skelettmuskelfasern. Manche Menschen haben genetisch bedingt einen hohen Anteil von so genannten roten Muskelfasern, die vor allem bei Ausdauerbelastungen eine Rolle spielen. Bei anderen

Menschen dominieren die sog. weißen Fasern, die wichtig sind für eine hohe Schnelligkeit. Ein mit überwiegend roter Verteilung geborener Mensch wird niemals ein Weltklassesprinter werden können. Ebenso wird eine mit vielen weißen Fasern geborene Sportlerin nie große Erfolge in Langzeit-Ausdauersportarten erzielen.

Es gibt Menschen, die auf Ausdauertrainingsreize sehr schnell mit einer Zunahme der maximalen Sauerstoffaufnahme und Herzvergrößerung und somit einer Leistungsverbesserung reagieren, während andere trotz intensiver Trainingsbemühungen nicht recht von der Stelle kommen. Diese sollten sich jedoch nicht im direkten Leistungsvergleich mit anderen frustrieren lassen, denn gemessen an der individuellen Leistungsfähigkeit kann jeder Mensch Höchstleistungen erbringen. Und von den gesundheitlichen Effekten eines Ausdauertrainings profitiert man allemal.

Zurzeit wird intensiv daran geforscht, ganz konkret Gene zu identifizieren, die in Zusammenhang mit einer hohen körperlichen Leistungsfähigkeit stehen. Mittlerweile sind etwa 100 derartige Gene bekannt, keines davon hat jedoch für sich allein genommen eine wirklich relevante Bedeutung. Man kann davon ausgehen, dass etwa 40 Prozent der Leistungsfähigkeit durch unterschiedlichste genetische Faktoren bestimmt werden und die restlichen 60 Prozent durch Training.

Für den Bereich des Freizeit- und Breitensports spielen genetische Faktoren und Talent eher eine untergeordnete Rolle, wenn man sich frei machen kann vom Leistungsvergleich mit anderen. In diesem Bereich sind die wichtigeren Aspekte sicher der Spaß an der Bewegung und die damit verbundenen Gesundheitseffekte. Und auch im Leistungssport ist für den sportlichen Erfolg nach wie vor ein konsequentes Training erforderlich.

Ernährung und Ausdauersport

Die Ernährung einer Sportlerin und eines Sportlers ist neben dem Training eine wichtige Komponente zur Erhaltung der Gesundheit und Verbesserung der Leistung. Sie sollte ausgewogen und vollwertig sein und nach den allgemeinen Empfehlungen für eine ge-

Besonderheiten der Ernährung für Ausdauersportler/innen

Basisernährung (< 4500 kcal/d, 1–2 h Training/d)

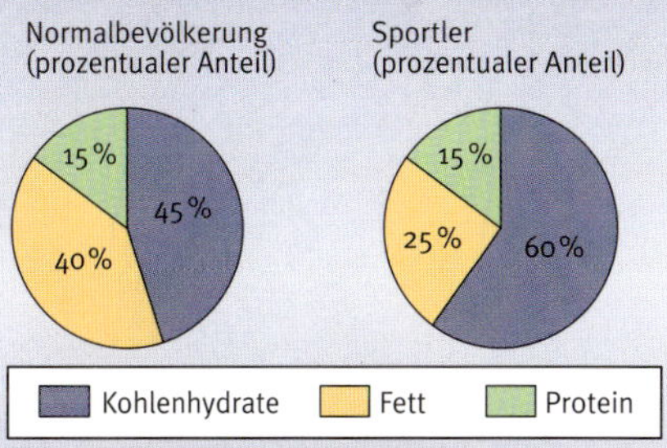

- mehr Energie – größeres Volumen
- weniger Fett, mehr Kohlenhydrate
- kein Problem in der Proteinzufuhr, kein Zusatzbedarf
- größere Mengen an Vitaminen, Mineralien, Spurenelementen ⇒ hohe Nahrungsqualität

sunde Ernährung erfolgen. Bezüglich der Nahrungskalorien sollten etwa 60 Prozent in Form von Kohlenhydraten zugeführt werden, 25 Prozent in Form von Fetten mit einer Betonung auf der Zufuhr ungesättigter Fettsäuren (Olivenöl, Rapsöl, Seefisch) und die restlichen 15 Prozent der Kalorien in Form von Eiweiß.

Wie für eine allgemein gesunde Ernährung gilt hier insbesondere, den Kohlenhydratanteil möglichst hoch und den Fettanteil in der Nahrung deutlich geringer als üblich zu halten. Dies gewährleistet nach dem Training eine rasche Wiederauffüllung der Zuckerspeicher des Körpers, der Glykogendepots in der Muskulatur und in der Leber, sodass die nächste Trainingseinheit wieder relativ rasch durchgeführt werden kann. Die Orientierung an der Nahrungspyramide erleichtert in der Praxis die richtige Zusammensetzung der Sporternährung.

Eine ausreichende Mineralien-, Vitamin- und Spurenelemente-Versorgung kann in der Regel durch viel frisches Obst und Gemüse sowie Vollkornprodukte erreicht werden. Ab und an kann durchaus auch mageres Fleisch auf dem Speiseplan stehen, um den durch den Sport erhöhten Eisenbedarf zu decken. Dies gilt insbesondere für Frauen.

Im leistungsorientierten Sport kann bei hoher Trainingsbelastung die Deckung des erhöhten Bedarfs an Mikro- und Makronährstoffen eine zusätzliche Substitution sinnvoll sein. Megadosen an Vitaminen oder Spurenelementen – nach dem Motto: »Viel hilft viel!« – sind jedoch nicht in der Lage, die Leistung zu verbessern. Sie können sogar das Gegenteil bewirken, nämlich die Gesundheit gefährden.

Nahrungspyramide

Eine Substitution mit Mineralien, Vitaminen oder Spurenelementen ist im Breiten- und Gesundheitssport bei ansonsten gesunder und ausgewogener Ernährung nicht erforderlich. Ein erhöhter Magnesiumbedarf kann leicht durch Auswahl eines magnesiumhaltigen Mineralwassers (mehr als 150 mg/l) zum Flüssigkeitsersatz gedeckt werden.

Übergewicht und Ausdauersport

In unserer Wohlstandsgesellschaft weisen viele Menschen ein zu hohes Körpergewicht, speziell einen zu hohen Körperfettanteil auf. Dies ist häufig verbunden mit einem erhöhten Risiko für Erkrankungen wie Zuckerkrankheit (Diabetes), Fettstoffwechselstörungen und hohem Blutdruck. Ausdauersport bietet eine ideale Möglichkeit, Körperfett zu verlieren und damit auf gesunde Weise abzunehmen. Da bei einigen Ausdauersportarten, insbesondere beim Laufen, das Körpergewicht getragen werden muss, bedeutet jedes Zuviel an Fett eine schlechtere Leistungsfähigkeit. Insbesondere ist jedoch die Gelenkbelastung beim Laufen mit Übergewicht sehr hoch, wodurch Überlastungsreaktionen ausgelöst werden können, die möglicherweise zur Unterbrechung oder gar zum Abbruch des Lauftrainings führen können.

Bei bestehendem Übergewicht sollten also zunächst Ausdauersportarten gewählt werden, bei denen das Gewicht getragen wird, wie zum Beispiel Radfahren, Schwimmen, Inlineskaten oder Skilanglaufen.

Idealerweise sollte bei Vorliegen eines Übergewichtes das Training mit einer unterkalorischen Diät kombiniert werden. Hierbei wird sozusagen die Kerze von beiden Seiten angezündet. Es sollte jedoch auf eine langsame Gewichtsreduktion mit langfristiger Umstellung der Ernährung geachtet werden. Falls eine sehr starke Gewichtsabnahme angestrebt wird, sollte das mögliche Defizit an Mineralien, Vitaminen und Spurenelementen durch eine gezielte Substitution ausgeglichen werden. Im Zweifelsfall sollte in diesem Fall ärztlicher Rat eingeholt werden.

Walking als Ausdauersport bei leichtem Übergewicht

Gesundheitlicher Nutzen von Ausdauersport

Ausdauersport und Prävention

In den letzten Jahrzehnten ist die mittlere Lebenserwartung in den modernen Industrienationen immer mehr angestiegen. Dennoch ist noch lange nicht die von Wissenschaftler/innen errechnete maximal mögliche Lebenszeit erreicht, die Schätzungen zufolge bei etwa 120 Jahren liegen soll. Eine große Bedeutung für die weitere Verlängerung der Lebensspanne ist die Verhinderung von Krankheiten, die Prävention. In den modernen Industrienationen sterben etwa 50 Prozent aller Menschen an Herz-Kreislauf-Erkrankungen. Hiervon machen die Krankheiten, denen eine Arterienverkalkung (Arteriosklerose) zugrunde liegt, wie der Herzinfarkt, den größten Teil aus. Weitere 23 Prozent der Menschen sterben an einer Krebserkrankung. Sowohl für die Arteriosklerose als auch für Krebserkrankungen gibt es so genannte Risikofaktoren, bei deren Vorliegen mit einer höheren Wahrscheinlichkeit für das Auftreten der Erkrankungen zu rechnen ist.

Sport und Arteriosklerose

Risikofaktoren für die Arteriosklerose sind u.a. Rauchen, hoher Blutdruck und Fettstoffwechselstörungen, zum Beispiel ein zu hoher Cholesterinspiegel, eine Zuckerkrankheit und Fettleibigkeit. Auch der zunehmende Bewegungsmangel zählt dazu. Hierbei beugt Ausdauersport vor allem dem Auftreten der anderen Risikofaktoren vor. So senkt Ausdauersport den Blutdruck, das Profil der Blutfette wird günstig beeinflusst, indem das »gute« HDL-Cholesterin ansteigt und das »schlechte« LDL-Cholesterin abnimmt. Ausdauersport führt zu einer Absenkung des Blutzuckerspiegels und beugt somit der Zuckerkrankheit vor. Er hilft ferner, ein bestehendes Übergewicht abzubauen, da insbesondere bei lang dauernden Belastungen in nennenswerter Menge Kalorien verbraucht werden. Und Ausdauersport hat weitere, eigenständige Effekte, die insgesamt einer Arteriosklerose vorbeugen helfen.

Gemäß dem Ergebnis einer großen wissenschaftlichen Studie liegt bezüglich des Herzinfarktrisikos ein optimaler Schutzeffekt dann vor, wenn pro Woche etwa 2000 bis 3000 Kilokalorien, entsprechend etwa 300 bis 400 Kilokalorien/Tag durch körperliche Aktivität verbraucht werden. Diese Angabe schließt Alltagsaktivitäten wie Treppensteigen etc. mit ein.

Sport und Krebs

Krebserkrankungen werden, ähnlich wie die arteriosklerotischen Erkrankungen (Herzinfarkt, Schlaganfall etc.), durch eine Vielzahl

Effekte des Ausdauertrainings auf Risikofaktoren (RF)

Risikofaktor	Effekt des Ausdauertrainings
Konstitutionelle RF	
Alter	Kein
Geschlecht	Kein
Rasse	Kein
Externe RF	
Rauchen	Einschränkung (Sportler/innen rauchen weniger)
Fehlernährung	Optimierung der Ernährung (Sporternährung)
Übergewicht / Adipositas	Abnahme des Körpergewichts
Stress	Reduktion
Bewegungsmangel	Reduktion
Interne RF	
Bluthochdruck	Abnahme des systolischen und diastolischen Blutdrucks
Fettstoffwechselstörungen	Positive Veränderung (Anhebung des »guten« HDL, Abnahme des »schlechten« LDL)
Zuckerkrankheit	Verbesserung (Abnahme des Insulin-Spiegels)
Harnsäure-Erhöhung / Gicht	Reduktion

von Risikofaktoren begünstigt. Das Auftreten einer Krebserkrankung lässt sich nie mit 100%iger Sicherheit ausschließen. Das Risiko für das Auftreten lässt sich jedoch durch eine allgemein gesunde Lebensführung reduzieren. Da körperliches Training auf vielfältige Art und Weise Einfluss auf das Immunsystem nehmen kann, kann davon ausgegangen werden, dass dadurch Krebserkrankungen vorgebeugt bzw. diese positiv beeinflusst werden können. Besonders bei einer bestimmten Krebserkrankung, dem Dickdarmkrebs, ist Sport heute nachgewiesenermaßen vorbeugend wirksam. Durch Sport wird die Geschwindigkeit der Darmpassage beschleunigt, was die Kontaktzeit mit in der Nahrung befindlichen Krebs erregenden Stoffen reduziert. Eine gesunde Sporternährung ist ferner sehr ballaststoffreich und reich an Antioxidanzien, beides Faktoren, die schützend wirken. Bei der Vorbeugung vor Brustkrebs hat wahrscheinlich insbesondere Ausdauersport eine gewisse Bedeutung.

Allgemein scheint es bezüglich der Prävention vor Krebs egal zu sein, welchen Ausdauersport man betreibt. Wichtig ist: Er muss Spaß machen. Bevorzugt werden sollten Sportarten, die möglichst große Muskelgruppen beanspruchen. Das ist bei den typischen Ausdauersportarten der Fall. Man hat also eine große Auswahl an Bewegungsformen, wenn man etwas für seine Gesundheit tun möchte.

Ausdauersport und psychisches sowie soziales Wohlbefinden

Gesundheit umfasst nicht nur die rein körperliche Gesundheit. Sie umfasst vielmehr nach einer Definition der Weltgesundheitsorganisation (WHO) das völlige körperliche, geistige und soziale Wohlbefinden. Neben den rein körperlichen Effekten kann Ausdauersport auch bezüglich des geistigen und sozialen Wohlbefindens wertvolle Beiträge leisten. Schon nach einer einzigen Ausdauertrainingseinheit fühlt man sich entspannt und locker, der Alltagsstress ist abgelegt. Durch längerfristiges Ausdauertraining wird man insgesamt ausgeglichener und belastbarer. Ausdauersport in der Gruppe – sei es als Training oder als Wettkampf – fördert Sozialkontakte, sodass auch unter diesen etwas erweiterten Aspekten gesundheitlich positive Effekte erreicht werden können.

Bewegungsapparat

Viele Menschen leiden an chronischen Schmerzen im Bereich des Bewegungsapparates. Besonders häufig treten Probleme im Bereich der Wirbelsäule auf, die vor allem durch Fehlbelastungen und eine schlecht ausgebildete Stabilisierungsmuskulatur (Bauch- und Rückenmuskulatur) begünstigt werden.
Die meisten Ausdauersportarten beinhalten ein Ganzkörpertraining. Wie der Name sagt, wird durch das eigentliche Training vor allem die allgemeine und sportart-spezifische Ausdauer trainiert. Die Trainingsempfehlungen zum Ausdauertraining in den einzelnen Sportarten beinhalten jedoch in der Regel nicht nur ein Gymnastik-Programm zum Aufwärmen und Cool-Down, sondern auch Kräftigungs- und Stabilisierungsübungen, um Überlastungen durch einseitige Belastungen zu vermeiden. Wenn beim Ausdauertraining diese Komponenten regelmäßig eingebaut werden, ist es auch geeignet, Beschwerden im Bereich des Bewegungsapparates vorzubeugen.

Ausdauersport in der Therapie

Sport- und gezielte Bewegungstherapie haben bei einer Vielzahl von chronischen Erkrankungen heutzutage einen hohen Stellenwert. Während bei Erkrankungen des Bewegungsapparates vor allem muskelstabilisierende bzw. kräftigende Übungsformen im Vordergrund stehen, sind es bei vielen inneren Erkrankungen eher Ausdauerbelastungen. Hier gelten prinzipiell die gleichen Aspekte, die bereits unter Prävention genannt wurden. Bei akuten Erkrankungen ist in vielen Fällen eher eine Reduktion körperlichen Trainings erforderlich. Bei vielen chronischen Erkrankungen kann aber häufig ein dosiertes und kontrolliertes Training durchgeführt werden. Ausdauersportarten haben den Vorteil gegenüber anderen Sportarten, dass die Intensität zum Beispiel mittels einer Pulsuhr sehr gut gesteuert werden kann. Wenn eine Erkrankung vorliegt, sollte bei der konkreten Frage nach Art, Umfang und Belastungsintensität auf jeden Fall der/die behandelnde Arzt/Ärztin zurate gezogen werden, um Überbelastungen und somit ein

Positive Effekte des Ausdauersports auf die Organsysteme

Herz:	• Absinken von Ruhe- und Belastungspuls • dadurch Ökonomisierung der Herzarbeit (Schoneffekt) • Verbesserung der Sauerstoffversorgung des Herzmuskels • Verminderung der Bereitschaft zu Herzrhythmusstörungen
Arterielles Blutgefäßsystem:	• Absenken überhöhten Blutdrucks • Erhaltung der Gefäßelastizität • Ausbildung von Umgehungskreisläufen • Verbesserung der Mikrozirkulation in den kleinen und kleinsten Gefäßen • Vorbeugung der Arteriosklerose
Venensystem:	• Verbesserter Blutrückfluss aus den Beinen • Vorbeugung von Krampfader- und Stauungsbeschwerden • Geringere Thromboseneigung
Lunge:	• Verbesserte Sauerstoffaufnahmefähigkeit • Verbesserte Lungenreinigung von Schmutzpartikeln und Erregern
Stoffwechsel:	• Absenken überhöhter Blutfette (Cholesterin, Triglyceride) • Verminderung der Risikodisposition über einen Anstieg des »guten« HDL-Cholesterins • Verbesserung des Zuckerstoffwechsels (antidiabetogener Effekt) • Senkung des Übergewichts
Muskulatur:	• Erhöhung der Ausdauerleistungsfähigkeit über eine Verbesserung der sauerstoffverbrennenden (aeroben) Energiesysteme • schnellere Regeneration nach intensiven Belastungen
Nervensystem:	• beruhigende Wirkung auf das vegetative Nervensystem (Vagotonie) • Abbau von Stresshormonen (Katecholamine) • Kapazitätsausschöpfung des intellektuellen Systems
Psyche:	• angstlösender und antidepressiver Effekt • Steigerung des Wohlbefindens • Erhöhung des Selbstbewusstseins
Immunsystem:	• Stärkung des unspezifischen Immunsystems • weniger Infektionskrankheiten • niedrigere Tumorrate

großes gesundheitliches Risiko zu vermeiden. Allgemein gültige Empfehlungen können hier nicht gegeben werden, da sich diese sehr stark nach dem individuellen Krankheitsbild und der damit verbundenen Belastbarkeit richten.

Die Ziele des Trainings in der Therapie richten sich immer nach den individuellen, an der Erkrankung oder Einschränkung festzumachenden Voraussetzungen sowie nach den Neigungen und der Motivation der Patient/innen.

Diagnostik der Ausdauerleistungsfähigkeit und Trainingssteuerung

Warum überhaupt Tests?

Was den Menschen von Maschinen unterscheidet, ist unter anderem seine Individualität. Jede Person stellt ein Unikat in all ihren Eigenschaften dar, also auch in ihren innersten Stoffwechselvorgängen (Physiologie).
Die Voraussetzungen sind nicht nur personenbezogen, sondern zudem auch noch dynamisch. Das bedeutet, dass sich der Zustand des Menschen, seine Kondition, je nach Situation im Laufe der Zeit verbessert oder verschlechtert.
Gerade deshalb, weil jeder Mensch anders »funktioniert« und auch eine ganz individuelle sportliche Vorerfahrung hat, wäre es falsch, alle Menschen gleich trainieren zu lassen. Unter- oder Überforderung, Verletzungen, Enttäuschungen und Ineffektivität könnten die Folgen sein.
Die Erfahrung und auch wissenschaftliche Untersuchungen zeigen, dass die meisten Sportler/innen, ob mit oder ohne Erfahrung, ihr Training zu intensiv gestalten. Dabei überlassen sie die Trainingssteuerung ihrem Gefühl. Viele sind nach einem Leistungstest überrascht, dass sie mit weniger oder weniger intensivem Training gleiche oder sogar bessere Trainingsresultate erzielen könnten. Das Training wird also ökonomischer (s. Superkompensation, S. 66). Damit soll nicht jedem/jeder Sportler/in abgesprochen werden, seinem Körpergefühl vertrauen zu können. Doch für Anfänger/innen und Gesundheitssportler/innen ist eine Trainingsintensität, die man während des Trainings und besonders danach »ordentlich in den Knochen spürt«, zu hoch angesiedelt.
Wir treffen täglich mit Sportlern/innen zusammen, die uns deutlich sagen, dass sie unsere Trainingsempfehlungen für »zu lasch« halten. Doch die Tests zur Trainingskontrolle geben uns meistens recht: Weniger ist manchmal eben doch mehr!

Mit einer aufrechten und entspannten Sitzhaltung trainiert man rückengerecht.

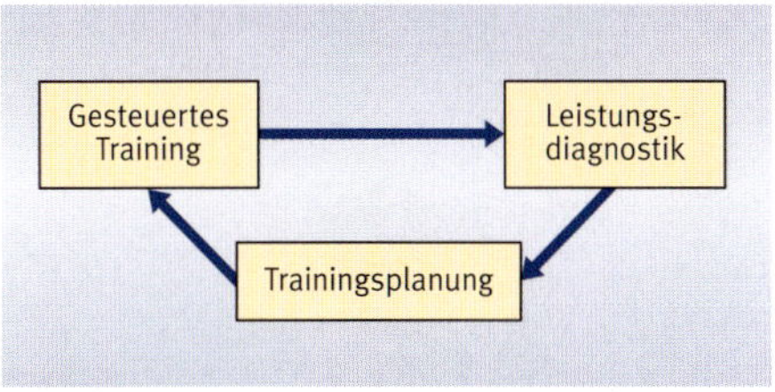

Zusammenhänge zwischen Leistungsdiagnostik und Training

Um solche Fehleinschätzungen zu vermeiden und um gezielt das Trainingsziel verfolgen zu können, haben Wissenschaftler/innen wie auch Sportpraktiker/innen verschiedene Möglichkeiten zur Leistungsdiagnostik und Trainingssteuerung bzw. Leistungssteuerung entwickelt.

Grundsätzlich kann man sagen, dass die Leistungsteuerung dazu dient, das Training dem Ziel entsprechend zu planen und auch anders herum, das Training in seiner Effektivität zu kontrollieren.

Der Weg zum zielgerichteten Training

In diesem Kapitel sollen verschiedene »Werkzeuge« und Möglichkeiten dargestellt werden, mit denen Sie Ihr Training kontrollieren und steuern können. Welche der Möglichkeiten gewählt werden, liegt in der Entscheidung eines jeden Einzelnen. Dabei sollten gewisse Aspekte bedacht werden:

➤ Was ist Ihr Ziel?

➤ Was und wie viel möchten Sie investieren (Zeit, Geld, ...)?

➤ Wie viel können Sie überhaupt machen (Zeiteinteilung, Gesundheit, ...)?

➤ Welche Möglichkeiten haben Sie (sportwissenschaftliches Institut, fachausgebildeter Trainer/in, Trainingspartner oder evtl. Sportmediziner/in ...)?

Die Gesundheit geht vor!

Bevor wir jedoch in die Details gehen, soll ein sehr wichtiger Punkt an dieser Stelle erwähnt werden:

Einige der Tests, die hier dargestellt werden, fordern von der Testperson hohe körperliche Belastungen, wenn auch nur kurzfristig. Zudem sind dies Belastungsintensitäten, die selbst ein/eine Ausdauersportler/in im Training so gut wie nie absolviert, also ungewohnt sind. Aus diesem Grund sollte jeder, der älter als 35 Jahre alt ist, ärztlichen Rat einholen.

Sollten sie sich von einem/einer seriösen Sportwissenschaftler/in untersuchen lassen wollen, so wird dieser Sie vor Testbeginn, bestenfalls bevor Sie in das jeweilige Institut bestellt werden, nach Erkrankungen orthopädischer und internistischer Art, nach eingenommenen Medikamenten und sonstigen gesundheitlichen Besonderheiten fragen. In der Regel bekommt der Diagnostiker die Antwort: »Alles wunderbar, ich habe früher viel Sport getrieben«! oder »Ich laufe schon seit dreißig Jahren!« Es ist wohl einleuchtend, dass dies keine passenden Antworten sind, auch wenn sie subjektiv als Beweis für die Gesundheit angesehen werden. Zusätzlich zu Ihrem Körpergefühl sollten Sie sich stets auch medizinisch untersuchen lassen.

Sollten Sie Tests auf eigene Faust durchführen wollen, bedenken Sie bitte diese Faktoren.

Deshalb hier die dringende Empfehlung an Sie: Informieren Sie sich über den Testablauf und besprechen Sie das Testprotokoll mit Ihrem Hausarzt. Lassen Sie sich, wenn nicht in jüngster Zeit geschehen, internistisch untersuchen.

Wünschenswert wäre hier ein Belastungs-EKG (eine Belastungsuntersuchung auf dem Fahrrad bis zur subjektiven Erschöpfung, immer vorausgesetzt es treten keine anderen Abbruchkriterien auf) mit gleichzeitiger Blutdruckkontrolle.
Anhand der gemessenen Daten kann Ihnen Ihr Arzt sagen, ob Sie sich bedenkenlos, mit Einschränkungen oder gar nicht testen lassen können.
Leider kann man immer wieder beobachten, dass Belastungsuntersuchungen beim Arzt ohne medizinische Begründung frühzeitig abgebrochen werden. Das bedeutet, dass eine tatsächliche Ausbelastung für den Patienten nicht stattgefunden hat. Doch auch oder gerade dieser Belastungsbereich sollte abgeklärt werden, damit Sie beim Sporttest bedenkenlos agieren können.

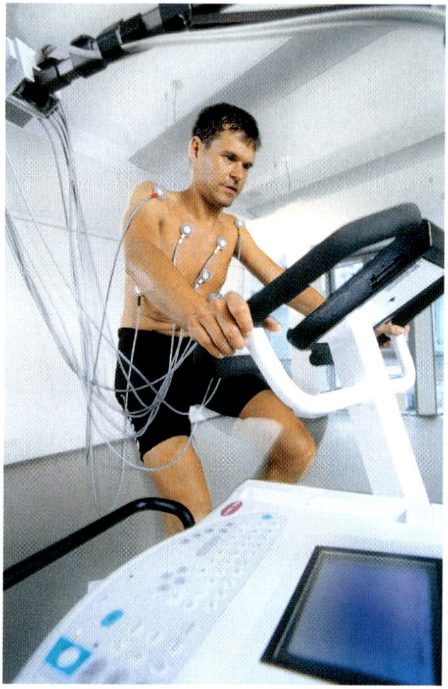

Belastungs-EKG auf dem Fahrrad

Leistungseinschätzung nach Ärzte-Check

Schon anhand des ärztlichen Checks auf dem Fahrradergometer können Sie eine ungefähre Einschätzung Ihrer Fitness vornehmen, vorausgesetzt, Sie wurden voll ausbelastet. Denn anhand der erbrachten maximalen Leistung (Watt) im Verhältnis zu Ihrem Körpergewicht ist die Leistungsfähigkeit rechnerisch ermittelbar. Für Männer bis zum 30. Lebensjahr wird eine Sollleistung von 3 Watt/kg Körpergewicht angegeben. Für jede Lebensdekade jenseits des 30. Lebensjahres können 10 Prozent abgezogen werden.
Frauen bis zum Alter von 30 Jahren sollten 2,5 Watt/kg Körpergewicht erreichen, wobei bei Überschreiten dieses Alters für jede Dekade 8 Prozent abgezogen werden können.
Der Grund für die Differenzierung zwischen den Geschlechtern liegt in den unterschiedlichen Anteilen der Muskelmasse am Körpergewicht.

Alters- und geschlechtbezogene Sollleistung auf dem Fahrradergometer

Alter (Jahre)	Frauen (Watt/kg)	Männer (Watt/kg)
bis 30	2,5	3,0
31–40	2,3	2,7
41–50	2,1	2,4
51–60	1,9	2,1
61–70	1,7	1,8
71–80	1,5	1,5

Beispiel 1:
Eine 45 Jahre alter Mann mit einem Gewicht von 87 Kilogramm bricht den Fahrradergometertest bei einer Leistung von 175 Watt ab.
Seine Sollleistung beträgt:
87 kg × 2,4 Watt/kg = 209 Watt
Bewertung: Der Mann bleibt beinahe 35 Watt unterhalb der erwarteten Sollleistung.
Beispiel 2:
Eine 65 Jahre alte Frau (62 kg) schafft 150 Watt bei der ärztlichen Routineuntersuchung auf dem Fahrradergometer.
Ihre Sollleistung beträgt:
62 kg × 1,7 Watt/kg = 105 Watt
Bewertung: Die offensichtlich sportlich aktive Probandin liegt 45 Watt über dem Durchschnitt.

Was Sie bedenken sollten!

Einige **Medikamente** nehmen Einfluss auf die zu messenden Größen bei einem Belastungstest, dies betrifft zum Beispiel einige Blutdruckmedikamente. Sie und auch der Leistungsdiagnostiker sollten im Vorfeld darüber informiert sein, um die Testdaten richtig bewerten zu können.

Grundsätzlich gilt: Bei **akut auftretenden Erkrankungen** (z. B. Erkältungen mit Fieber, Zahnentzündungen, Muskelverletzungen, etc.) sollten Sie sich nie einer Leistungsdiagnostik unterziehen. Einerseits gefährden Sie im schlimmsten Falle Ihre Gesundheit und andererseits kann die Erkrankung die gemessenen Daten verfälschen.
Für Menschen mit chronischen Vorerkrankungen, die trotz oder gerade wegen der Erkrankung Sport treiben möchten, ist ein Leistungstest und somit eine genaue Trainingsdosierung besonders geeignet. Aber die Testmethode muss individuell auf die Möglichkeiten des/der Sportlers/in angepasst werden. Daher ist eine Kooperation von Sportler, Mediziner und Sportdiagnostiker unerlässlich!

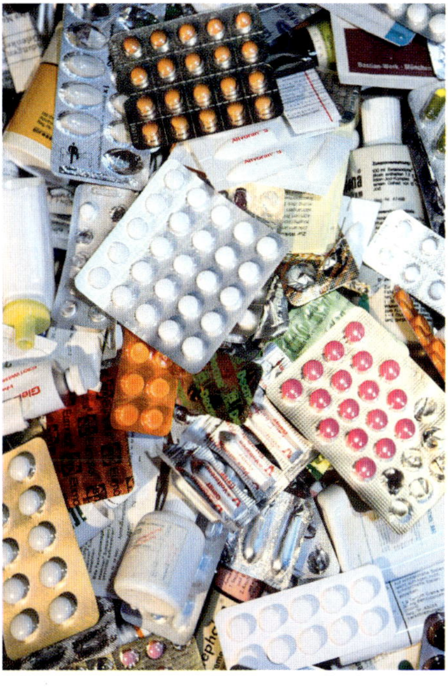

Leistungsdiagnostik

Leistungsdiagnostiken im Bereich des Ausdauersports bezwecken stets, die innersten Stoffwechselvorgänge der jeweiligen Person, meist im Bereich des Herz-Kreislauf-Systems (Herzfrequenz) oder des Energiestoffwechsel (Laktat, Atemgasanalyse) transparent zu machen. Für gewöhnlich werden solche Tests von Sportwissenschaftler/innen oder Mediziner/innen durchgeführt. Anhand der Testdaten kann beurteilt werden, wie wirksam ein vorher absolviertes Training war, wie der Leistungszustand ist und wie ein Training in Zukunft gestaltet werden sollte. In der Regel wird sich der zu Testende in einer Form körperlich belasten, die mit seiner (angestrebten) Sportart identisch ist oder dieser am nächsten kommt.

Hiermit ergibt sich schon die erste Regel, die Sie beachten sollten: **Ein Leistungstest sollte nach Möglichkeit sportartspezifisch durchgeführt werden.**

In der Praxis bedeutet das, dass es wenig Sinn macht, einen Radfahrer einem Lauftest zu unterziehen, da beim Laufen der Körper anderen Belastungen ausgesetzt ist und die gemessenen Werte somit an Aussagekraft verlieren. Aber leider lässt es sich nicht immer verhindern, da es noch nicht für jede Sportart einen geeigneten Test gibt.

Laktatstufentest

Ein Laktattest ist wohl die genaueste Art, eine individuelle Leistungsdiagnose durchzuführen. Noch vor wenigen Jahren war diese Testart nur Leistungssportlern/innen und Kaderathleten/innen vorbehalten und selbst heute nutzen relativ wenige Freizeitsportler diese Möglichkeit. Es gibt inzwischen zahlreiche Institute, die eine solche Dienstleistung auf unterschiedlichem Qualitäts- und Preisniveau anbieten.
Anhand der erhobenen Daten können der Leistungsstand abgelesen und Empfehlungen für Belastungsintensität und -umfang ausgesprochen werden. Der Name »Stufentest« beschreibt bereits das Testprotokoll. Der Sportler wird für eine bestimmte Zeit (meistens drei bis fünf Minuten) einer Belastung ausgesetzt. Nach Ablauf der Zeit wird die Belastung in festgelegten Schritten (Stufen) gesteigert, bis die Testperson ihre subjektive Erschöpfung erreicht hat. Je nach Sportart wird die Belastung über die Leistung (Watt bei Rad- oder Rudertests) oder die Geschwindigkeit (m/s, km/h, Zeit bei Lauf- oder Inline-Skate-Tests) gesteuert. Hierbei wird vor Beginn des Tests und jeweils nach einer Belastungsstufe anhand eines Bluttropfens, der nach dem Anstechen des Ohrläppchens fast schmerzlos entnommen werden kann, die Laktatkonzentration bestimmt.
Gleichzeitig wird mit einem Herzfrequenzmessgerät die zu jeder Belastung individuell gehörende Herzfrequenz registriert. Anhand der Laktatwerte wird die Leistung ermittelt, bei der eine Laktatkonzentration von 4 mmol/l Blut besteht, die so genannte aerob-anaerobe Schwelle (AAS). An dieser Schwelle befinden sich Laktatbildung und -elimination gerade noch im Gleichgewicht.

Grundsätzlich kann man sagen: Eine gute Ausdauerleistungsfähigkeit zeigt sich in niedrigen Laktat- und Herzfrequenzwerten auf gegebenen Belastungsstufen in einer hohen maximalen Endbelastung sowie einer hohen Leistung an der aeroben-anaeroben Schwelle (AAS).

Feldtests

Der Stufentest kann als Feldtest, also unter Bedingungen, die für die jeweilige Sportart typisch sind, ausgeführt werden. Auf diese Weise kann man sehr praxisnah untersuchen. Der Nachteil dabei ist, dass man Tests nicht unter stets gleichen Bedingungen wiederholen kann, was zum Beispiel für die Aussagekraft eines Wiederholungstests von Bedeutung ist. Temperatur, Wind und Feuchtigkeit sind immer unterschiedlich und haben Einfluss auf die gemessenen Daten.
Daher gibt es auch die Möglichkeit, Stufentests im Labor auf Ergometern durchzuführen. Der große Vorteil hierbei liegt in der hohen Kontrollierbarkeit des Testablaufs. Der Diagnostiker hat den/die Sportler/in und die Belastungshöhe stets im Auge. Hinzu kommt, dass die klimatischen Bedingungen in einem Raum konstant gehalten werden können.

Der Sinn eines Stufentests ist es, ersichtlich zu machen, welche Laktatkonzentration bei gegebener Belastung im Körper vorherrscht, bzw. die Belastung definieren zu können, bei der die anaerobe Schwelle (AAS, siehe S. 22) erreicht wird.
Diese Werte geben Auskunft über die Energie liefernden Systeme und die Leistungsfähigkeit der arbeitenden Muskulatur. Liegt eine solche Auswertung vor, kann das Training und die Wettkampfstrategie angepasst werden. Dabei macht sich der Diagnostiker die parallel gemessenen Größen zu Nutze. Um den Prozess dieser Art von Leistungsdiagnostik zu verdeutlichen, soll hier ein Beispiel dargestellt werden:
Herr X ist 42 Jahre alt und hat mehrere Versuche unternommen, das Lauftraining zu beginnen. Sein Ziel ist es, sein Gewicht in den Griff zu bekommen und etwas für seine Gesundheit zu tun. Sein Problem: Jedes Mal, wenn er angefangen hat, sich körperlich zu betätigen, haben ihn die Anstrengungen sehr schnell zum Abbruch gezwungen. Schon nach kurzer Zeit kamen Gelenk- und Muskelschmerzen hinzu, sodass er sein Vorhaben frustriert aufgegeben hat.
Auf die Frage hin, wie er denn sein Training gesteuert hat, kommt nur ein Achselzucken kombiniert mit der Aussage: »Nun, ich bin halt gerannt ...!«

Testbeispiele für unterschiedliche Ausdauersportarten

Sportart	Rad	Lauf/Walking	Inlineskating
Testort	Labor, Fahrradergometer	Labor, Laufband	Feldtest, Rundparcours
Belastungssteuerung	Watt	m/s	km/h
Stufendauer	5 min	5 min	5 min
Pausendauer	keine	30 s	30 s

Ärztliche Untersuchungen im Vorfeld haben ergeben, dass Herr X abgesehen von einer leichten Tendenz zum Bluthochdruck gesund ist. Ein Grund mehr, ein gut dosiertes Ausdauertraining durchzuführen.
Um auch sein unteres Leistungsspektrum anzusprechen, wird der Test an den Leistungsstand des Probanden angepasst.
Das Testprotokoll auf dem Laufband könnte folgendermaßen aussehen:

Somit kann Herrn X in einem Gespräch das Gefühl genommen werden, dass er mit Wandern und Walken keinen Sport treibt. Im Gegenteil: Mit einer Walking-Einheit, die er über 40 Minuten durchhält, kann er sehr viel mehr erreichen, als mit einer frustrierenden und schmerzhaften 10-minütigen Laufeinheit. Somit ist der erste Schritt zum richtigen Körpergefühl getan und die Wahrscheinlichkeit, dass Herr X mit Spaß und Motivation beim Sport bleibt, ist damit sehr viel höher. Zumal ihm mit auf den Weg gegeben wird, dass die Leistungssteigerung innerhalb weniger Wochen zu spüren sein wird und er bald zum Laufen übergehen kann.
Voraussetzung ist, dass er sich an die Trainingsempfehlungen, basierend auf dem Test, hält. Mit Hilfe einer Pulsuhr oder einer abgesteckten Laufstrecke wird die Belastungsdosierung kein Problem mehr sein.

Beispielhaftes Testprotokoll auf dem Laufband

Stufen m/s	Stufendauer min	Laktat mmol/l	% von AAS mmol/l	HF S/min	Bewegungsform
Ruhe		1,2		96	
1	5	1,6	54	125	gehen
1,5	5	2,3	81	142	walken
2	5	4,7	108	161	traben
2,5	5	7,9	134	174	laufen

Anhand der gemessenen Daten ist es möglich, Herrn X Trainingsempfehlungen zu geben. Außerdem kann man ihm erklären, warum seine Vorhaben bislang gescheitert sind. Der Diagnostiker hat wenige Informationen über die Trainingsversuche seines Schützlings. Herr X hat weder eine Pulsuhr eingesetzt noch hat er seine Strecken abgemessen oder die Zeit gestoppt. Doch eine Aussage ist wertvoll: »Ich bin gerannt!«

Bezieht man diese Aussage auf den dargestellten Test, dann hat das Training in einem Bereich von mindestens 2 m/s stattgefunden, also bei einem Laktatwert von mehr als 4 mmo/l. Und das ist eine eindeutig zu hohe Belastung für einen Einsteiger und Gesundheitssportler.

Beispiel zur Belastungsdosierung

Intensität/ Methode für Dauerlauf	% von 4 mmol/l	Herzfrequenz Schläge/min	min/km
regenerativ	bis 60	133	14,6
extensiv	bis 75	< 138	11,9
intensiv	bis 90	< 148	9,8

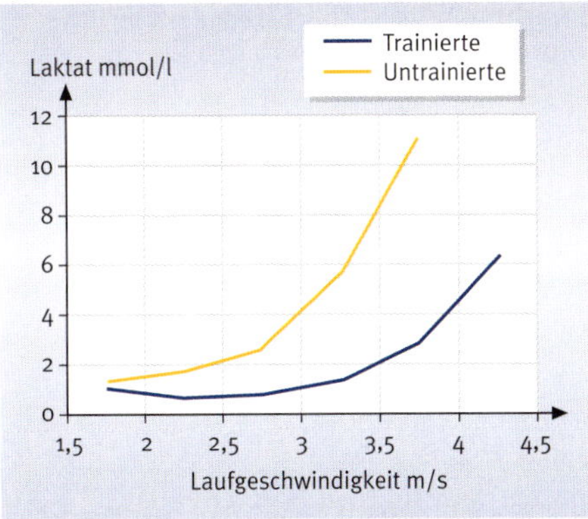

Laktatverhalten beim Stufentest von Ausdauertrainierten und Untrainierten

Messung der Sauerstoffaufnahme und Atemgasanalyse

Einige, meist sportmedizinische Institutionen bieten zusätzlich zu der Laktatanalyse eine Atemgasanalyse (Spirometrie) an. Dabei wird vor allem die Menge an eingeatmetem Sauerstoff (O_2) und ausgeatmetem Kohlendioxid (CO_2) über eine Gesichtsmaske gemessen. Am Verhältnis dieser beiden Parameter (respiratorischer Quotient = RQ) kann abgelesen werden, auf welche Energieträger (Kohlenhydrate, Fette) der Organismus des/der Sportlers/in bei gegebener Leistung zurückgreift. Auch die verbrauchte Energiemenge kann so errechnet werden. Diese Daten können bei der Planung eines Wettkampfs und des Ernährungsverhaltens während einer langen Belastung sehr hilfreich sein. Aber auch für Gesundheitssportler/innen, die Gewichtsmanagement betreiben möchten, sind diese Ergebnisse eine Hilfe beim Kalorienzählen. So kann er/sie einschätzen, wie viel Energie sein/ihr Körper bei bestimmten Belastungen in einer bestimmten Zeit benötigt.

In der Sportwissenschaft spielt die maximale Sauerstoffaufnahme (VO_{2max}) eine bedeutende Rolle, da diese Auskunft über die Ausdauerleistungsfähigkeit gibt. Je ausdauertrainierter ein/eine Sportler/in ist, desto mehr ist er/sie in der Lage, selbst noch bei relativ hohen Belastungsintensitäten den Muskelzellen über die Atemwege und den Blutkreislauf O_2 zur Verfügung zu stellen.
Zusätzlich zu der Aussage über die Ausdauerleistung kann die maximale Sauerstoffaufnahme zur Trainingssteuerung eingesetzt werden.

Aber bitte beachten Sie: Sollten Sie einen Laktatstufentest inklusive Atemgasanalyse durchführen, so werden Sie bei dieser Testgestaltung aller Wahrscheinlichkeit nach Ihre maximale Sauerstoffaufnahme **nicht** erreichen. Es wird in der Regel nur ein Annäherungswert erzielt, der zwar eine Tendenz anzeigen, jedoch nicht seriös zur Trainingsgestaltung eingesetzt werden kann. Daher sollten Sie für die Steuerung des Trainings auf die Laktatwerte zurückgreifen.

Sollten Sie ein/eine ambitionierte(r) Sportler/in sein und Interesse an einer Messung der maximalen Sauerstoffaufnahme haben, dann müssen Sie sich nach dem Stufentest einem weiteren, recht kurzen, dafür aber intensiven Test unterziehen. Befragen Sie dazu das Testinstitut Ihrer Wahl.

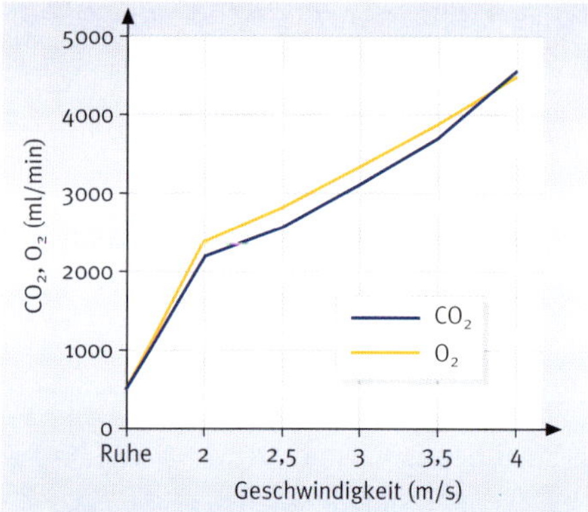

Verhalten von Sauerstoffaufnahme und Kohlendioxidabgabe beim Laufstufentest

Cooper-Test (für Läufer/innen)

Möchten Sie keinen Dienstleister aufsuchen, aber dennoch eine Leistungsdiagnostik durchführen, so bietet sich der Cooper-Test an. Leider ist dieser Test bislang nur für Läufer einsetzbar. Allerdings findet er so häufig Anwendung und wird in der Literatur oft erwähnt, dass er an dieser Stelle vorgestellt werden soll.

Dieser Test wird auch als 12-Minuten-Lauf-Test bezeichnet, er hilft bei der Ermittlung des Leistungsstandes und bietet eine Groborientierung für die Trainingssteuerung. Er kann einen Laktatstufentest nicht ersetzen. Die Durchführung des Tests ist leicht. Alles, was Sie benötigen, ist eine 400-Meter-Bahn (oder eine andere abgemessene Strecke) in der Ebene und eine Stoppuhr. Bewertet wird, welche Strecke Sie in 12 Minuten maximal in einer konstanten Geschwindigkeit zurücklegen können.

Allerdings verbirgt sich in diesem Punkt ein kleiner Haken: Dem Anfänger fällt es oft schwer, das Tempo richtig zu dosieren, sodass es gleichmäßig durchgehalten werden kann. Das Einhalten dieser Vorgabe ist aber durchaus wichtig. Daher ist hier ein wenig Probieren und Lauferfahrung gefragt. Dabei kann eine zweite Person hilfreich sein, die Tempovorgaben macht, Signale gibt oder andere unterstützende Maßnahmen anbietet. Weiterhin wäre es von Vorteil, den Test immer unter denselben Bedingungen (Gelände, Wetter, Temperatur, Testzeit, Ernährung, Vorbelastungszustand, etc.) durchzuführen, um eine gute Vergleichbarkeit zu erhalten.

Anhand der folgenden Tabelle können Sie Ihren Leistungsstand ermitteln und die der Leistung entsprechende, grob eingeschätzte, maximale Sauerstoffaufnahme ablesen.

Werte zur Einschätzung der Leistungsfähigkeit beim Cooper-Test

Leistungsgruppe	Zurückgelegte Meter	min/km	eingeschätzte VO_{2max} (l/min)
sehr gut	> 2800	> 4,29	> 52
gut	2400–2800	5,00–4,29	42,1–52
mäßig	2000–2400	6,00–5,00	34,1–42
schlecht	1600–2000	7,45–6,00	28,1–34
sehr schlecht	< 1600	< 7,45	< 28

Die so ermittelten Richtwerte der VO_{2max} können zur Trainingssteuerung eingesetzt werden.

Cooper-Test für alle?

Wie bereits erwähnt sind keine Standardwerte für andere Sportarten dokumentiert worden. Dennoch spricht nichts dagegen, einen Test auf dieser Basis durchzuführen. Das Prinzip dabei wäre Folgendes:
Man definiert eine Zeitspanne, in diesem Falle 12 Minuten, und versucht, auf einer geeigneten Strecke eine größtmögliche Distanz in einem konstanten Tempo zurückzulegen. In regelmäßigen Abständen kann der/die Sportler/in zumindest seine/ihre eigene Entwicklung dokumentieren, wenn schon ein Vergleich mit Werten aus wissenschaftlichen Studien nicht möglich ist.

Erholungsfähigkeit als Indiz für Ausdauerleistungsfähigkeit

Je besser die Ausdauerleistungsfähigkeit eines/einer Sportlers/in ist, desto besser ist der Organismus in der Lage, sich von Belastungen zu erholen. Dies ist unter anderem der Grund dafür, warum Ausdauertraining für beinahe alle Sportarten von Bedeutung ist. Ist die Regenerationsfähigkeit eines Sportlers gut ausgeprägt, so kann er nachfolgenden körperlichen Anforderungen besser meistern (siehe S. 48).
Die Fähigkeit, sich schnell zu erholen, zeigt sich direkt nach einer hohen Belastung anhand der Herzfrequenz (HF). Ein gut trainierter Organismus regelt die Herzfrequenz relativ schnell wieder herunter, da die beanspruchte Muskulatur in der Lage ist, sich mit der angebotenen Menge Blut zu erholen. Die Herzfrequenz sinkt schnell.
Dagegen brauchen Muskeln, die nicht auf Belastungen eingestellt sind, über längere Zeit eine große Blutmenge, um die Regeneration zu gewährleisten. Die Folge ist eine relativ hohe Herzfrequenz nach Belastungsende bei untrainierten Personen im Vergleich zu Ausdauertrainierten.
Dieses Phänomen kann man sich zu Nutze machen, um eine ungefähre Orientierung für die eigene Ausdauerleistungsfähigkeit zu haben. Seien Sie sich aber darüber bewusst, dass die Herzfrequenz eine sehr individuelle Größe ist und somit auch bei diesem Test nur als Allgemeinregel angesehen werden kann.

Den Puls können Sie am Handgelenk oder am Hals ertasten, aber es empfiehlt sich eine Pulsuhr, da diese wesentlich genauer misst. Sollten Sie keine Pulsuhr besitzen, so zählen Sie die Pulsschläge innerhalb von 10 Sekunden und multiplizieren Sie diese Zahl mit dem Faktor 6. So erhalten sie die Herzfrequenz pro Minute.

Ermittlung der Erholungsfähigkeit

Der/die Sportler/in absolviert eine kurzfristige und maximale Belastung, vorausgesetzt, es bestehen keine gesundheitlichen Bedenken. Es bietet sich der Test zur Ermittlung der maximalen Herzfrequenz (siehe MHF-Test zum »Selbstmachen«, S. 51) an, um eine hohe körperliche Belastung zu erreichen. Fünf Minuten nach Abbruch der Belastung wird die Herzfrequenz registriert (für Sportler/innen bis 30 Jahre), und mit der nachfolgenden Tabelle verglichen.

Nachbelastungs-Herzfrequenz nach 5 Minuten (bis 30 Jahre)

Schläge/Minute	Leistungsstand
> 130	schlecht
130-120	ausreichend
120-115	befriedigend
115-105	gut
105-100	sehr gut
< 100	Topausdauerzustand

Ältere Sportler/innen ziehen von den Werten in der Tabelle, die lediglich Tendenzen angeben, die Differenz ihres Alters zu 30 Jahren ab.
Aber Sie können auch Ihre ganz persönliche Entwicklung mit diesem Test dokumentieren, denn im Laufe einer Trainingsperiode über Wochen und Monate wird Ihr Puls nach einer hohen Belastung schneller sinken als zu Beginn Ihrer sportliche »Karriere«.
Am Anfang ist es durchaus motivierend, alle zwei Wochen diesen Test durchzuführen und das Herzfrequenz-Verhalten zu dokumentieren. Später genügt es, alle ein bis zwei Monate diesen Test durchzuführen.
Grundsätzlich kann man sagen, dass ein/eine Untrainierte(r) schneller Veränderungen und positive Entwicklungen feststellen wird als ein/eine gut Ausdauertrainierte(r).

Sollte sich allerdings abzeichnen, dass die Werte steigen oder an einem Tag ungewöhnlich hoch bleiben, so sollten Sie das berücksichtigen und das Training reduzieren. Dies könnten Anzeichen einer Überbelastung des Körpers oder Vorboten einer Erkältung o. Ä. sein.

Möglichkeiten der Trainingssteuerung

Sollten Sie eine professionelle Leistungsdiagnostik durchgeführt haben, so sind Sie nicht nur über den momentanen Leistungsstand informiert, sondern haben auch Trainingsempfehlungen mit auf den Weg bekommen. In der Regel werden Ihnen Intensitätsbereiche empfohlen, die Sie entweder anhand der Herzfrequenz oder der Strecke/Zeit (km/h, m/s) bzw. der Zeit/Strecke (min/km) dosieren und steuern können.
Im nachfolgenden Text werden Möglichkeiten aufgezeigt, wie das Training gesteuert werden kann, ohne eine komplizierte Leistungsdiagnostik durchzuführen. Dabei muss in Kauf genommen werden, dass dieser Weg zwar billiger, aber in den meisten Fällen auch ungenauer ist.

Steuerung anhand der Herzfrequenz

Für die Trainingssteuerung und -kontrolle ist die Herzfrequenz (HF) eine wichtige und sehr häufig genutzte Größe. Dabei sind moderne Herzfrequenzmessgeräte, die man als Uhren um das Handgelenk trägt, eine geeignete Hilfe. Sie erlauben einem, die Herzfrequenz während einer Belastung zu beobachten und die Trainingsintensität danach richten zu können. Eine Unterbrechung des Trainings und das Suchen nach dem Puls am Handgelenk oder an der Halsschlagader ist nicht mehr nötig. Zumal man für die Pulsertastung stehen bleiben muss, was zur Folge hat, dass die Herzfrequenz sofort sinkt und der

gemessene Wert nicht dem Belastungswert entspricht.
Sollten Sie sich ein solches Gerät kaufen wollen, so sind die Funktionen »EKG-genaue Herzfrequenzmessung« und »Stoppuhr« das Mindestmaß an Ausstattung.
Das Prinzip hinter der Trainingssteuerung mit Hilfe der Herzfrequenz ist, dass man Belastungsintensitäten in Prozent der **maximalen Herzfrequenz (MHF)** ausdrückt. Hier sollen Ihnen einige Möglichkeiten vorgestellt werden, um die maximale Herzfrequenz zu ermitteln.

Zur Erinnerung: Die maximale Herzfrequenz hängt u.a. ab vom Alter, Geschlecht, Temperatur, Tageszeit und der aktuellen psychischen wie physischen Verfassung.

Gerade aus dem Grund, dass die Herzfrequenz von mehreren Faktoren beeinflusst wird, kann sie nur bedingt für die Trainingssteuerung eingesetzt werden. Betrachtet man diesen Parameter isoliert, so gibt er keinerlei Auskunft über den Grad der Ausdauerleistungsfähigkeit. Er kann lediglich als Richtwert für die Intensitätsdosierung des Trainings eingesetzt werden. In der Praxis hat sich diese Methode aber bewährt.

Herzfrequenzformeln

Die Errechnung der maximalen Herzfrequenz ist eine Möglichkeit zur Steuerung der Belastungsintensität. Ausgehend vom errechneten Wert können Trainingsbereiche für die jeweilige Zielsetzung definiert werden.

Der Vorteil liegt darin, dass man sich körperlich nicht maximal belasten muss. Daher eignet sich dieser Weg besonders für Sportanfänger/innen, Übergewichtige oder Sportambitionierte mit Vorerkrankungen, die hohen Belastungen vorerst aus dem Weg gehen möchten oder müssen.
Es gibt verschiedene Formeln zur Errechnung der maximalen Herzfrequenz oder der **Trainingsherzfrequenz (THF)**, die in der Literatur aufgeführt werden. Hier sollen Ihnen zwei Formeln vorgestellt werden.
Bitte beachten Sie, dass diese Formeln hauptsächlich für die Sportart Laufen genutzt werden. Andere Sportarten haben aber ein anderes Belastungsprofil und beanspruchen die Muskulatur sowohl qualitativ als auch quantitativ anders. Richtwerte, um diese Tatsache zu berücksichtigen, sind für das Radfahren, Skilanglauf oder Ähnliches: errechnete THF abzüglich 10 Prozent; für das Schwimmen abzüglich ca. 6 Prozent.
Für beispielhafte Rechnungen nutzen wir die Daten einer imaginären Person: Alter 35 Jahre; Ruheherzfrequenz (RHF) 65 Schläge/min. Die RHF ermittelt man morgens, liegend, kurz nach dem Aufwachen. Bestenfalls wiederholt man die Messung jeden Morgen eine Woche lang und nutzt den Durchschnitt der Werte.

Altersformel

Die einfachste Berechnung sieht folgendermaßen aus:

Altersformel

MHF = 220 – Lebensalter (LA) in Jahren

Für unseren Beispiel-Sportler bedeutet das:
MHF = 220 – 35 = 185 S/min

Anhand der errechneten maximalen Herzfrequenz kann man nun die Trainingsherzfrequenz (THF) errechnen. Möchten man z. B. in einem Bereich von 70 Prozent der maximalen Herzfrequenz trainieren, so gilt:
THF = MHF × 0,7
entspricht 185 × 0,7 = 130 S/min

In der Literatur findet man auch folgende Unterteilung und Trainingsintensitäten mit Hilfe der Altersformel.

Trainingsintensitäten anhand der Altersformel

% der MHF	Formel
100 %	= 220 – LA
80 %	= 200 – LA
70 %	= 180 – LA
50–60 %	= 160 – LA

Karvonenformel

Eine weitere Möglichkeit bietet die Karvonenformel. Diese Formel ist komplexer als die Altersformel, da sie die individuelle Streubreite der Herzfrequenz bei Belastungen berücksichtigt. Diese Streubreite wird **Herzfrequenzreserve (HFR)** genannt und errechnet sich folgendermaßen:

HFR = MHF– RHF

Somit ist die HFR der Bereich zwischen der Herzfrequenz in Ruhe bei minimaler Belastung und maximaler körperlicher Anstrengung. Sollten Sie realistisch gemessene Werte der maximalen Herzfrequenz kennen, können Sie präziser rechnen. Bei der Karvonenformel wird die HFR mit den Prozent der angestrebten Trainingsintensität multipliziert, nicht aber die maximale Herzfrequenz.

Formel:
THF = RHF + [(MHF – RHF) × % der Intensität]

oder anders ausgedrückt

THF = RHF + (HFR × % der Intensität)

Eine Rechnung mit dem Beispiel-Sportler sieht folgendermaßen aus:

THF = 65 + [(185 – 65) × 70 %]
= 65 + (120 × 0,7)
= 65 + 84
= 149 S/min

Die angestrebte Trainingsintensität von 70 Prozent sollte demnach bei einer Herzfrequenz von ca. 150 Schlägen/min absolviert werden.
Der Nachteil solcher Formeln ist, dass Berechnungen stets theoretischer Natur sind und somit deutlich von der tatsächlichen maximalen Herzfrequenz abweichen können, was eine genaue Trainingssteuerung erschwert. Man kann im Durchschnitt von einer Abweichung von ± 10 Schlägen/min ausgehen.

MHF-Test zum »Selbstmachen«

Möchten Sie Ihre ganz persönliche maximale Herzfrequenz ermitteln? So können Sie das in einem Selbsttest machen. Dieser Test eignet sich für Sportler/innen, die über ausreichend Erfahrung in der jeweiligen Sportart verfügen, denn die koordinative Leistungsfähigkeit ist hier entscheidend. Sie sollten den Test stets in der Sportart ausführen, für die Sie die Werte für die Trainingssteuerung benötigen, also sportartspezifisch. Bitte denken Sie auch hier an die medizinische Vorsorge, wie sie eingangs erläutert wurde.
Voraussetzung für das Erreichen der maximalen Herzfrequenz ist eine höchstmögliche körperliche Belastung. Sollten Sie also im Verlauf des Tests akute Beschwerden wie Brustschmerzen, Atemschwierigkeiten, Übelkeit, Schmerzen in Muskeln, Gelenken o. a. bekommen, so ist der Test sofort abzubrechen und das Problem medizinisch zu klären.
Die Belastung muss lange genug andauern, damit sich die Herzaktivität (Herzfrequenz) an die Belastung anpasst. Dies geschieht allerdings relativ schnell. Wegen der hohen Belastung empfiehlt es sich, den Test frühestens eine Stunde, besser zwei Stunden nach einer Mahlzeit durchzuführen. Bei Wiederholungstests ist darauf zu achten, dass die gleiche Tageszeit gewählt wird, damit die normalen Tagesschwankungen das Testergebnis nicht beeinflussen. Sollten Sie diesen Test vorher noch nie durchgeführt haben, empfiehlt es sich, ihn in kurzer Zeit (z. B. innerhalb einer Woche) drei bis vier Mal zu wiederholen, damit Sie Erfahrungen mit dem Test sammeln und eventuelle Fehler im Ablauf ausgleichen können.

<u>Testvorbereitung:</u>
Besorgen Sie sich eine Pulsuhr, die Ihnen die gemessene maximale Herzfrequenz nach absolviertem Test anzeigt oder die über einen PC auszulesen ist, denn Sie werden während des Tests nicht in der Lage sein, die Pulsanzeige ständig im Blick zu halten.
Suchen Sie sich eine Strecke aus, die keine Unfallgefahren birgt, dies gilt besonders für Radfahrer und Inlineskater. Dabei sollte sie so beschaffen sein, dass Kurven nicht zum Abbremsen zwingen. Ein angemessener Rundparcours wäre optimal oder auch eine verkehrsfreie lange Strecke. Die Strecke sollte so lang sein, dass Sie sich auf ihr 4 bis 5 Minuten mit maximalem Tempo der jeweiligen Sportart fortbewegen können.

<u>Testvorbereitung</u>
Planen Sie 15 bis 20 Minuten Zeit ein, um Ihren Körper auf die hohe Belastung vorzubereiten. In dieser Zeit sollten Sie sich in einem angenehmen Tempo ca. 5 bis 8 Minuten einlaufen/einfahren, bis Sie spüren, dass Ihr Körper warm und geschmeidig wird. Daran schließen Sie drei kontrollierte Steigerungsbelastungen à 10 Sekunden an, die Sie bis 80 Prozent Ihrer maximalen Geschwindigkeit steigern. Zwischen den Steigerungsläufen lassen Sie das Tempo abfallen, bis der Puls ungefähr wieder den Ausgangswert erreicht hat. Hiernach sollten Sie die für Ihre Sportart wichtigsten Muskelgruppen dehnen, bestenfalls jede Muskelgruppe zwei Mal à 10 Sekunden.

<u>Testdurchführung:</u>
Der Test sollte als Stufentest mit vier Stufen durchgeführt werden. Für die Steuerung des Tests benötigen Sie eine Stoppuhr, deren

Testaufbau zur Ermittlung der MHF beim Laufen

Phase	Warm-up	Stufe 1	Stufe 2	Stufe 3	Stufe 4	Cool-down
Inhalt	Einlaufen Steigerungsläufe Dehnung	Laufen/Rennen	Rennen	Rennen	Sprinten	Gehen, Traben, Dehnen
Dauer	15–20 min	1 min	30 s	30 s	Bis zur Erschöpfung	10 min
Intensität	Extensiv bis leicht intensiv	Intensives Joggen	Steigern	Steigern	Maximales Tempo	Locker
Ziel	Vorbereitung des Organismus (Nervensystem, Muskeln, Herz-Kreislauf) auf hohe Belastungen; Verletzungsprophylaxe	Belastung des Organismus, Reizung des Herz-Kreislauf-Systems auf ein bestimmtes Niveau	Wie Stufe 1	Wie Stufe 1	Erreichen der maximalen Belastbarkeit, MHF	Regeneration

Ziffern groß genug sind, um Sie leicht lesen zu können. Eine zweite Person, die ggf. mit dem Fahrrad nebenher fährt und Ihnen die Zeit ansagt, wäre eine gute Hilfe.
Beginnen Sie mit einer konstanten Geschwindigkeit, die einer intensiven Ausdauereinheit entspricht und die Sie gerade 30 bis 40 Minuten durchhalten könnten. Halten Sie diese Geschwindigkeit 60 Sekunden. Steigern Sie dann alle 30 Sekunden Ihr Tempo so, dass Sie in der vierten Stufe Ihr maximales Tempo erreichen. In der letzten Stufe sollten Sie sich also mit vollem Einsatz so lange fortbewegen, bis Sie sich subjektiv ausbelastet haben und nicht mehr weiterkönnen.
Optimal wäre es, wenn Sie die Teststrecke so wählen, dass Sie im letzten Testabschnitt eine leichte Steigung (2 bis 5 Prozent) hinaufrennen, da so weitere Muskelgruppen angesprochen werden und die Herzaktivität zusätzlich stimuliert wird.

Nach dem Test:
Auch wenn es schwer fällt: **Bleiben Sie niemals nach einer hochintensiven Belastung abrupt stehen!** Bewegen Sie sich locker weiter, sodass die belastete Muskulatur leicht beansprucht und somit die Blutzirkulation aufrecht erhalten wird. Das verhindert nicht nur, dass Ihnen schwindlig wird, sondern unterstützt auch die Regeneration.
Bewegen Sie sich nach dem Test zehn Minuten weiter (Traben, Ausrollen, o.Ä.), um dann abschließend die beanspruchten Muskelgruppen nochmals zu dehnen. Wiederholen Sie die Übungen, die Sie beim Aufwärmen eingesetzt haben. Lassen Sie sich aber diesmal für jede Muskelgruppe 30 Sekunden Zeit und achten Sie darauf, dass Sie nicht zu frieren beginnen.
Nach diesem Test können Sie Ihre maximale Herzfrequenz von Ihrem Herzfrequenzmessgerät ablesen und so Ihr Training für die Zukunft steuern.

Trainingssteuerung und Leistungstest mittels Pulsuhr

Einige Herzfrequenzmessgeräte bieten die Option, Trainingsbereiche individuell zu ermitteln, nach denen der/die Sportler/in seine/ihre Trainingsintensität richten kann. Dabei kommt u.a. der Parameter der Herzfrequenzvariabilität zum Tragen, der in der Sportwissenschaft Gegenstand vieler Untersuchungen ist. Dabei gibt es sowohl Befürworter als auch Gegner dieser Messmethode. An dieser Stelle kann nicht entschieden werden, ob Uhren mit dieser Funktion grundsätzlich praktikabel sind oder nicht. Eigenen Studien folgend können wir nur feststellen, dass die Trainingsempfehlungen nicht für jede(n) Sportler/in passend ausgesprochen werden. Die Richtwerte fallen eher zu niedrig, selten zu hoch aus und eine herkömmliche Leistungsdiagnostik kann nicht ersetzt werden. Ähnliches gilt für Tests zur Ermittlung des Trainingszustandes mittels einer Pulsuhr. Diesen Hilfsmitteln muss aber zugestanden werden, dass sie der Motivation des Nutzers zuträglich sind.

Einige Modelle geben Trainingsherzfrequenzen auf der Basis der errechneten maximalen Herzfrequenz an. Da Sie aber wissen, wie diese Formeln aussehen, können Sie getrost auf diese Option verzichten und das Geld sparen oder in andere, Ihnen wichtigere Funktionen investieren.

Eine zusätzliche Funktion stellt die Energiemessung durch die Uhren dar, die die verbrauchten Kilokalorien angeben. Auch hier gilt: Eher die Tendenz als Maßstab nehmen als die Absolutwerte.

Es gibt einige einfache Faustregeln, die eine gewisse Steuerung des Trainings erlauben. Dabei muss man sich aber der Grenzen solcher Faustformeln bewusst sein. Sie können eine Leistungsdiagnostik, die auf individuell gemessenen physiologischen Daten beruht (Laktat, Herzfrequenz, Atemgasanalyse) nicht ersetzen.

Der Einsteiger ist aber mit einer solchen groben Richtlinie vorerst gut beraten, wenn er aufwändigen Diagnostiken aus dem Weg gehen möchte. Es ist aber jedoch darauf zu achten, dass eine Überbelastung auf jeden Fall vermieden werden sollte.

Kontrolle der Herzfrequenz mittels Pulsuhr in einer Belastungspause

Subjektives Empfinden

Erfahrene Sportler/innen, die bereits einmal eine »Justierung« ihres Belastungsempfindens anhand eines Leistungstests erfahren haben, entwickeln möglicherweise ein recht gutes Gefühl für die Stoffwechselbelastung bei einer bestimmten Geschwindigkeit. Es gibt durchaus auch Personen, wenn auch sehr selten, die so gut auf ihren Körper hören, dass sie mit dem selbst gesteuerten Training sehr erfolgreich sind.

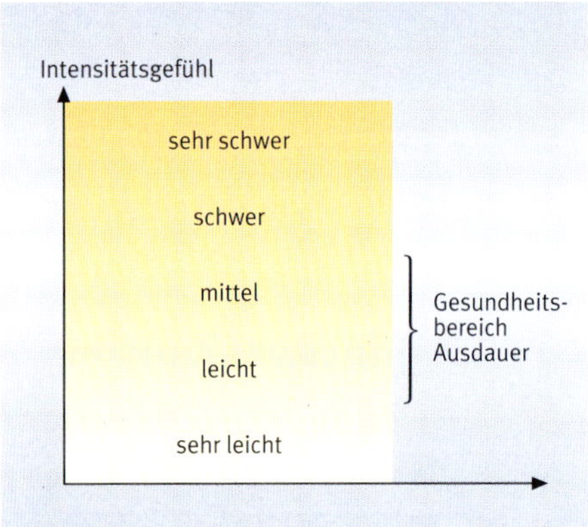

Einschätzung des subjektiven Belastungsempfindens und optimaler Gesundheitsbereich

Sicher ist langfristig die Steuerung des Trainings »nach Gefühl« das anzustrebende Mittel im Breiten- und Gesundheitssport. In der Praxis zeigt sich jedoch, dass das Körpergefühl eher schlecht entwickelt ist und daher noch unter Anleitung entwickelt werden muss. Die meisten Breitensportler/innen trainieren, wenn sie sich nach ihrem Gefühl bewegen, viel zu intensiv.

Atmung

Bei Läufern hat sich die Methode »Laufen ohne zu Schnaufen« als einfache Methode der Belastungsdosierung als praktikabel erwiesen. Man sollte lediglich so langsam laufen, dass man sich noch problemlos unterhalten kann, ohne hierbei außer Atem zu geraten.

Auch wenn sich bei den verschiedenen Ausdauersportarten die Belastungsprofile unterscheiden, so kann das Prinzip dieser Steuerungsart aus dem Laufsport sicher übertragen werden, um Grundlagenausdauertraining zu betreiben, bzw. Überanstrengungen zu vermeiden.

Für das Laufen gibt es noch genauere Angaben für die Trainingssteuerung über den Atemrhythmus.

Extensives Training: Gestaltet man die Trainingsintensität so, dass man in der Lage ist, in der Zeit in der man vier Schritte macht, einzuatmen und im selben Zeitraum auszuatmen, dann kann von einem extensiven Training ausgegangen werden.

Intensives Training: Erhöht man das Tempo so, dass man drei Schritte beim Einatmen und ebenso viele Schritte bei der Ausatmung macht, so ist von einem intensiven Training auszugehen.

Diese Art der Trainingssteuerung kann Anfängern/innen eventuell Probleme (z. B. Seitenstiche) bereiten, da sie bewusst Einfluss auf ihre Atmung nehmen und darin keine Erfahrungen haben. Daher muss dies ggf. langsam in das Training eingeführt werden.

Methoden des Ausdauertrainings

Nachdem im vorangegangenen Kapitel ausführlich auf die Möglichkeiten der Ermittlung verschiedener Messgrößen, wie zum Beispiel Herzfrequenz, Sauerstoffaufnahme, Laktat eingegangen wurde, soll in diesem Kapitel der praktische Einsatz der erhobenen Werte dargestellt werden.
Um aber ein sportliches Ziel erfolgreich zu erreichen, genügt es nicht nur zu wissen, wie welche Messgröße aussieht, sondern man sollte die gemessenen Werte richtig einsetzen und so das Training richtig dosieren. Dies gilt besonders für Sportler/innen oder solche, die es werden wollen, und die ihr Training selbstständig gestalten und durchführen möchten. Ein ausdauernder Anfänger wird sehr schnell Trainingserfolge feststellen, auch wenn die wichtigsten Trainingsprinzipien zunächst nicht befolgt werden. Doch früher oder später wird er an einen Punkt gelangen, an dem er erkennen muss, dass das Training keine effektive Wirkung mehr hat. Was oft bleibt sind Frust, Stagnation und im schlimmsten Falle Gesundheitsschädigungen.
Um diesen unerfreulichen Effekten aus dem Weg zu gehen und um schneller ans Ziel zu kommen, sind einige wenige Prinzipien zu beachten, die ebenfalls in diesem Kapitel vorgestellt werden.
Es sollen einige Methoden des Ausdauertrainings, wie auch verschiedene Trainingsintensitäten und deren Nutzen dargestellt werden.
Machen Sie sich bitte die Mühe und verinnerlichen Sie zumindest die Grundprinzipien, denn so werden Sie in Zukunft grundsätzlich in der Lage sein, Trainingsvorschläge aus Zeitungen, von Freunden oder aus Büchern zu beurteilen.
Aber was noch wichtiger ist: Sie können Ihr Training unter Berücksichtigung sportwissenschaftlicher Erkenntnisse – verbunden mit dem eigenen Körpergefühl – in seinen Grundzügen selbst optimal planen und durchführen.

Trainingsmethoden

Um die Ausdauerleistungsfähigkeit zu verbessern, gibt es vielfältige Methoden. Jede Methode hat ihr eigenes Wirkungsfeld, das abhängig ist von der Kombination und Gestaltung unterschiedlicher Belastungskomponenten. Um das Ausdauertraining so effektiv wie möglich gestalten zu können, wollen wir Ihnen hier vor allem die Grundmethoden für die Gestaltung eines Ausdauertrainings vorstellen.
Es gibt **vier Grundmethoden**, deren Inhalte und Wirkungen im Folgenden beschrieben werden.
Dauermethode (DM)
Intervallmethode (IM)
Wiederholungsmethode (WM)
Wettkampfspezifische Methode (wspM)

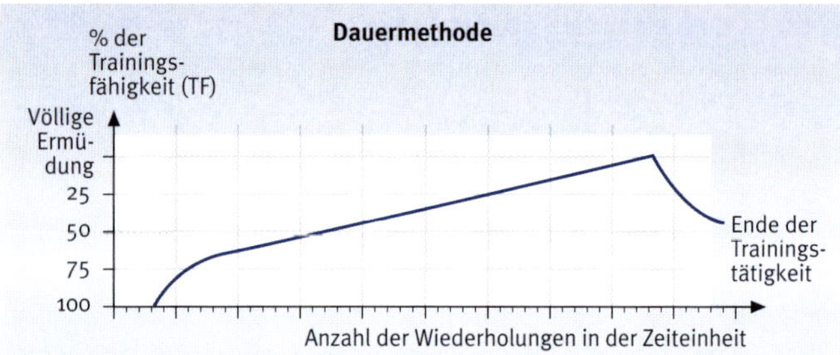

Belastungs-intensität	Pause	Belastungs-umfang	Belastungs-dauer
70–90 % der Bestleistung	Üben ohne Pause	Sehr groß	Sehr lang 30 min – 2 h

Schematische Darstellung der Dauermethode

Dauermethode (DM)

Sie ist durch eine lang anhaltende, kontinuierliche Belastungsdauer gekennzeichnet, die vor allem der Verbesserung der aeroben Kapazität dient. Die Dauermethode ist die Methode der Wahl, um mit dem Ausdauersport zu beginnen. Sie stellt die Grundlage für jeden gesundheits- aber auch leistungsorientierten Einsteiger dar. Die Dauermethode lässt sich in weitere Untergruppen einteilen. In die *extensive*, die *intensive* und die *variable Dauermethode.*

Extensive Dauermethode

Was kennzeichnet diese Methode?

➤ Die *Belastungsintensität* liegt deutlich unterhalb der anaeroben Schwelle (also bei 1,5 bis 2,5 mmol/l Laktat). Die Herzfrequenz liegt bei 60 bis 75 Prozent der maximalen Herzfrequenz.

➤ Die *Belastungsdauer* umfasst 30 bis 120 Minuten, je nach Trainingsziel auch länger.

Wann benutze ich diese Methode?

Diese Methode findet vor allem dann Anwendung, wenn:

➤ ein gesundheitsorientiertes Grundlagenausdauertraining durchgeführt werden soll (Dauer minimal 10 bis 12 Minuten, optimal 40 bis 50 Minuten),

➤ der Fettstoffwechsel trainiert werden soll (vor allem bei einer Dauer über 60 Minuten),

➤ die Regenerationsfähigkeit verbessert werden soll,

➤ der Bewegungsablauf ökonomisiert werden soll,

➤ ein Warm-up oder Cool-down durchgeführt werden soll.

Natürlich wird hier, je nach Zielsetzung, die Belastungsdauer variiert.

Was sind die wichtigsten Auswirkungen dieser Methode?

➤ Ökonomisierung der Herz-Kreislauf-Tätigkeit,

➤ Verbesserung des aeroben Stoffwechsels und der Fettverbrennung,

➤ Verbesserung der peripheren Durchblutung.

Intensive Dauermethode

Was kennzeichnet diese Methode?

➤ Die *Belastungsintensität* liegt im Bereich von 2,5 bis 4 mmol/l Laktat. Der Herzfrequenzbereich liegt bei 65 bis 80 Prozent der maximalen Herzfrequenz.
➤ Die *Belastungsdauer* kann sich auf 30 Minuten bis 60 Minuten erstrecken.

Wann benutze ich diese Methode?

Die intensive Dauermethode wird benutzt, wenn:
➤ über die Dauermethode der Kohlenhydratstoffwechsel aktiviert werden soll und wenn ein erhöhtes Maß an Ausschöpfung der Kohlenhydrat-/Glykogenspeicher mit nachfolgend ausgeprägter Superkompensation (siehe S. 66) erreicht werden soll.
Allerdings muss hier dringend darauf geachtet werden, den Wochen-Trainingsumfang gering zu halten, da sonst die Zeit für die Wiederauffüllung der entleerten Kohlenhydrat-/Glykogenspeicher zu kurz ist und keine ausreichende Regeneration erreicht werden kann!

Was sind die wichtigsten Auswirkungen dieser Methode?

➤ Entwicklung des Herz-Kreislauf-Systems,
➤ Ausschöpfung der Kohlenhydrat-/Glykogenspeicher mit nachfolgender Superkompensation,
➤ Kapillarisierung der Skelettmuskulatur,
➤ Verbesserung des aeroben Stoffwechsels (erhöhte Nutzung des Kohlenhydrat-/Glykogenabbaus),
➤ Nutzung des maximalen Laktat-Steady-State in der Energiebereitstellung.

Variable Dauermethode

Was kennzeichnet diese Methode?

➤ Die Belastungsintensität wechselt systematisch zwischen leicht und submaximal, also einer Intensität zwischen 1,5 und 4,0 mmol/l Laktat.
➤ Die Herzfrequenz kann hier von 125 Schlägen pro Minute bei leichten Belastungen bis zu 190 Schlägen/Minute bei nahezu maximalen Belastungen variieren.
➤ Die *Belastungsdauer* liegt bei dieser Methode zwischen 30 und 60 Minuten.

Wann benutze ich diese Methode?

Grundsätzlich wird die variable Dauermethode für die gleichen Zwecke benutzt wie die intensive. Jedoch kann ergänzend erwähnt werden, dass die variable Dauermethode:
➤ zum Durchhalten langer Belastungsphasen mit wechselnden Intensitäten eingesetzt wird und
➤ die Umstellung in den Energiebereitstellungsprozessen verbessert.

Was sind die wichtigsten Auswirkungen dieser Methode?

➤ Laktatkompensation und Laktatelimination werden verbessert.
➤ Es finden, bezogen auf das Herz-Kreislauf-System und die Skelettmuskulatur, die gleichen Anpassungen statt, wie bei der extensiven und intensiven DM, nur in geringerer Ausprägung.
➤ Der Wechsel in der Art der Energiebereitstellung wird verbessert.
➤ Eine muskuläre und koordinative Anpassung an längere und höhere Belastungsintensitäten findet statt.

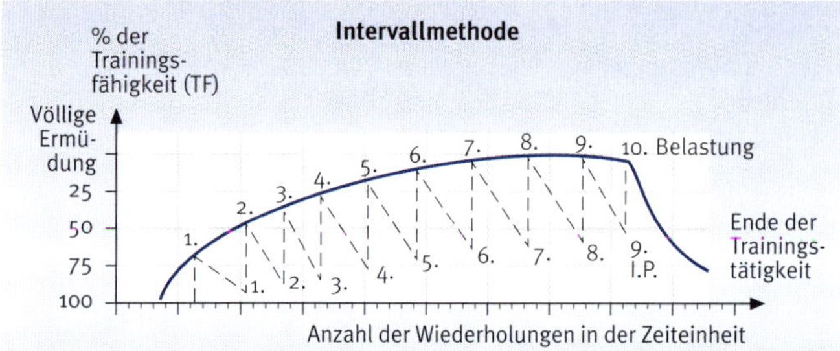

Belastungsintensität	Pause	Belastungsumfang	Belastungsdauer
60–80 %	»Lohnende Pause«	Mittel 10–12 Wiederholungen	Kurz – Mittel 15–60 s (KZI) auch 1–8 min (MZI) u. 8–15 min (LZI)

Schematische Darstellung der Intervallmethode I. P.: Intervallphase

Intervallmethode (IM)

Im Folgenden soll eine weitere Grundmethode, nämlich die Intervallmethode, erläutert werden.
Auch hier kann man zwischen zwei Arten der Intervallmethode unterscheiden: *extensive Intervallmethode (IM ext.)* und *intensive Intervallmethode (IM int.)*. Beide Intervallmethoden sind durch die so genannte »lohnende Pause« gekennzeichnet. Dies bedeutet, dass die Pause nicht zur vollständigen Regeneration genutzt wird, sondern zeitlich so limitiert ist bzw. in moderater Bewegung durchgeführt wird, dass die Regeneration noch unvollständig ist. Dies hat unterschiedliche Effekte. Zum einen ergibt sich eine Auswirkung auf das Herz-Kreislauf-System, die sich in einer Herzvergrößerung durch spezifische Reize äußert. Zum anderen kommt es – auf die metabolischen Prozesse bezogen – zu einer rascheren Verstoffwechselung von Laktat und somit zu einer verzögerten Laktatanhäufung.

Extensive Intervallmethode (IM ext.)

Das extensive Intervalltraining ist gekennzeichnet durch einen hohen Umfang mit einer geringen Intensität.

Die IM ext. kann sowohl mit Langzeitintervallen (IM ext. + LZI) als auch mit Mittelzeitintervallen (IM ext. MZI) trainiert werden.
Im Folgenden soll auf die Charakteristik beider Methoden eingegangen werden.

Extensive Intervallmethode mit Langzeitintervallen

Was kennzeichnet diese Methode?

➤ Die *Belastungsintensität* liegt im Bereich der anaeroben Schwelle, also bei einem Laktatwert von 3 bis 5 mmol/l Laktat.
➤ Die Herzfrequenz befindet sich bei 75 bis 85 Prozent der maximalen Herzfrequenz.
➤ Die *Belastungsdauer* liegt hierbei im mittleren Bereich mit 2 bis 3 Minuten (auch bis 8 Minuten).
➤ Die Pause ist eine »lohnende Pause« mit 2 bis 3 Minuten Dauer.
➤ Der *Belastungsumfang* liegt hoch bei 9 bis 12 Wiederholungen und einem zeitlichen Gesamtumfang von bis zu 60 Minuten.

Wann benutze ich diese Methode?

Diese Methode findet dann Anwendung, wenn:

➤ ein Laktatkompensationstraining durchgeführt werden soll,
➤ hohe Trainingsumfänge bewerkstelligt werden sollen, mit Belastungsintensitäten, die keine starke Übersäuerung der Muskulatur nach sich ziehen oder
➤ die aerobe Kapazität verbessert werden soll.

Was sind die wichtigsten Auswirkungen dieser Methode?

➤ Sportherzentwicklung, über spezielle Reize an das Herz-Kreislauf-System,
➤ Erhöhung des Sauerstoffaufnahmevermögens,
➤ Verbesserung des Muskelstoffwechsels,
➤ verbesserte Kapillarisierung.

Extensive Intervallmethode mit Mittelzeitintervallen

Was kennzeichnet diese Methode?

➤ Die *Belastungsintensität* ist submaximal bis maximal und liegt über der anaeroben Schwelle, also bei 4 bis 7 mmol/l Laktat.
➤ Die Herzfrequenz liegt bei ca. 85 Prozent der maximalen Herzfrequenz.
➤ Die *Belastungsdauer* umfasst bei den Mittelzeitintervallen 1 bis 3 Minuten, die Pausendauer 2 bis 3 Minuten.
➤ Der *Belastungsumfang* liegt insgesamt bei 40 bis 45 Minuten mit einer gesamten Belastungsanzahl von 9 bis 15 Wiederholungen.

Wann benutze ich diese Methode?

Diese Methode wird verwendet, wenn:

➤ eine Verbesserung der maximalen Sauerstoffaufnahme erreicht werden soll,
➤ die Laktattoleranz und Laktatelimination verbessert werden sollen,
➤ die anaerobe Kapazität zu entwickeln ist,
➤ die Kraftausdauer verbessert werden soll.

Was sind die wichtigsten Auswirkungen dieser Methode?

➤ Wie bei der oben erwähnten IM ext. + LZI, ergibt sich auch hier eine Auswirkung auf das Herz-Kreislauf-System, was zu einer Sportherzausbildung führt.
➤ Die Kapillarisierung wird verbessert (jedoch nicht in dem Umfang wie bei der DM).
➤ Verbesserung des aerob-anaeroben Stoffwechsels.

Beispiel für die extensive Intervallmethode

Strecke	Anzahl der Läufe	Pause	Pausengestaltung
200 m	10–15	30–90 s	Lockeres Traben
400 m	10–12	60–90 s	Lockeres Traben
800 m	bis 10	60–120 s	Lockeres Traben
1000 m	5–8	120–300 s	Lockeres Traben

Als Beispiel und zur Veranschaulichung der extensiven Intervallmethode mit unterschiedlichen Zeitintervallen soll oben stehende Tabelle dienen.

Intensive Intervallmethode (IM int.)

Bei den intensiven Intervallmethoden liegen die Intensitäten, bezogen auf die VO_{2max}, im maximalen bis supramaximalen Bereich (100 bis 120 Prozent VO_{2max}). Man unterscheidet hauptsächlich die intensive Intervallmethode mit Kurzzeitintervallen (IM int. + KZI) von der intensiven Intervallmethode mit extremen Kurzzeitintervallen (IM int. + extr. KZI).
Bei der Pausengestaltung kommt das Serienprinzip zum Einsatz, das gekennzeichnet ist durch kurze Intervallpausen und längere Serienpausen. Hohe Laktatwerte von über 8 mmol/l Laktat sind nach derartigen Trainingseinheiten typisch.

Intensive Intervallmethode mit Kurzzeitintervallen

Was kennzeichnet diese Methode?

➤ Die *Belastungsintensität* liegt sehr hoch und geht fast bis zur maximalen Belastungsintensität. Die Laktatkonzentration erreicht hier über 8 mmol/l. Die Herzfrequenz liegt über 90 Prozent der maximalen Herzfrequenz bzw. erreicht ihr Maximum.
➤ Die *Belastungsdauer* liegt bei 20 bis 40 Sekunden.
➤ Die Intervallpausen (I. P.) umfassen 30 bis 90 Sekunden, die Serienpausen (SP) sind 3 bis 5 Minuten lang.
➤ Der *Belastungsumfang* beträgt 20 bis 30 Minuten mit insgesamt 6 bis 10 Wiederholungen.

Wann benutze ich diese Methode?

Die Methode kommt zur Anwendung, wenn:
➤ spezielles Stehvermögen, Kraftausdauer und Schnelligkeitsausdauer verbessert werden sollen,
➤ die anaerobe Kapazität entwickelt und verbessert werden soll,
➤ die Laktattoleranz trainiert werden soll,
➤ die kurzfristige Erholungsfähigkeit trainiert werden soll oder
➤ die Bewegungstechnik unter Wettkampfgeschwindigkeiten geschult werden soll.

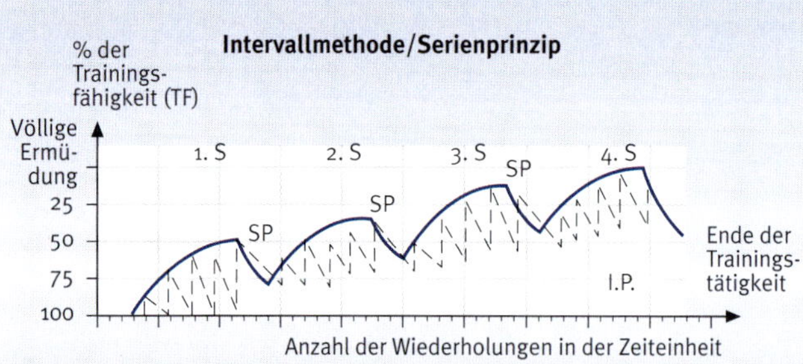

Belastungsintensität	Pause	Belastungsumfang	Belastungsdauer
70–90%	»Lohnende Pause« Serienpause (3–10 min)	Hoch 12–40 Wiederholungen	Mittel 30–90 s auch 2–3 min

Schematische Darstellung der intensiven Intervallmethode
S: Serie, SP: Serienpause, I.P.: Intervallpause

Was sind die wichtigsten Auswirkungen dieser Methode?

➤ Verbesserung der Herzleistung,
➤ vermehrte Beanspruchung der FT-Muskelfasern (schnellkräftige Fasern),
➤ Verbesserung der Laktatproduktion,
➤ Ökonomisierung der Stoffwechselprozesse.

Intensive Intervallmethode mit extremen Kurzzeitintervallen

Was kennzeichnet diese Methode?

➤ Die *Belastungsintensität* ist gekennzeichnet durch fast maximale bis maximale Bewegungsgeschwindigkeit.
➤ Die *Belastungsdauer* erstreckt sich auf bis zu 10 Sekunden.
➤ Die Pausendauern liegen bei über 2 bis 3 Minuten als Intervallpausen und 5 Minuten als Serienpausen.
➤ Der *Belastungsumfang* beträgt insgesamt bei dieser Methode 25 bis 30 Minuten bei 9 bis 15 Wiederholungen.

Wann benutze ich diese Methode?

➤ Zur Verbesserung der Umstellungsfähigkeit zwischen aerober und anaerober Energiebereitstellung und auch zur Erweiterung beider Kapazitäten,
➤ zur Verbesserung der Schnelligkeit und der Schnellkraft oder
➤ zur Förderung der Laktateliminierung.

Was sind die wichtigsten Auswirkungen dieser Methode?

➤ Spezielle Beanspruchung der schnellen FT-Muskelfasern,

Übersicht über die wichtigsten Ausdauertrainingsmethoden

	% MHF	% AAS	% VO_{2max}	Wichtigste Wirkungen
DM ext.	60–75	70–85	75–85	• Ökonomisierung der Herzarbeit • Fettstoffwechseltraining • Verbesserung der Bewegungstechnik
DM int.	65–80	75–90	75–85	• Erweiterung des aeroben Stoffwechsels • Kapillarisierung der Skelettmuskulatur • Glykogenstoffwechseltraining (Superkompensation)
DM var./ Fahrtspiel	70–90	65–100	79–90	• Laktatkompensation und Laktatelimination werden verbessert • Erhöhung der Belastungsverträglichkeit
IM ext.	75–85	80–110	80–95	• Erhöhung des Sauerstoffaufnahmevermögens • Verbesserung der aeroben Kapazität • Anheben der anaeroben Schwelle
IM int.	90–100	95–130	95–120	• Verbesserung der Laktattoleranz • Entwicklung und Verbesserung der anaerob-laktaziden Kapazität • Verbesserung der Schnelligkeitsausdauer und der Kraftausdauer

- Ankurbelung der Laktatproduktion,
- verstärkte Aktivierung des Herz-Kreislauf- und Atmungssystems und
- Aktivierung aerober Prozesse.

Die oben beschriebenen Methoden (*Dauermethode* und *Intervallmethode*) stellen für den Freizeit- und Breitensport die meist verwendeten und am besten benutzbaren Methoden dar, durch die die Ausdauerleistungsfähigkeit erworben und verbessert werden kann. Die Tabelle auf Seite 61 soll noch einmal eine Übersicht geben über die Intensitäten und Wirkungen der beiden oben beschriebenen Methoden.
Die beiden folgenden Methoden (*Wiederholungsmethode* und *Wettkampfmethode*) sollen der Vollständigkeit halber an dieser Stelle zwar kurz erwähnt werden, sie dienen jedoch vor allem Ausdauersportlern/innen in höherem Leistungsbereich zur Leistungsverbesserung.

Wiederholungsmethode (WM)

Die Wiederholungsmethode ist gekennzeichnet durch wiederholte, intensive Belastungen mit dazwischenliegenden vollständigen Pausen (im Gegensatz zu der »lohnenden Pause«). Eine einheitliche Pausenvorgabe ist hier nicht möglich, da je nach Sportart (z. B. Laufen, Skilanglauf, Radfahren) unterschiedliche Ermüdungszustände auftreten. Auf Grund der hohen Intensität ist bei dieser Methode nur eine geringe Wiederholungszahl möglich.
Die Wiederholungsmethode lässt sich in drei Untergruppen einteilen, die abhängig sind von der Länge der durchgeführten Belastung:
- Wiederholungsmethode mit Langzeitintervallen (WM + LZI),
- Wiederholungsmethode mit Mittelzeitintervallen (WM + MZI),
- Wiederholungsmethode mit Kurzzeitintervallen (WM + KZI).

Vorrangiges Ziel dieser Untergruppen ist es:
- die wettkampfspezifische Ausdauer zu trainieren,
- das Stehvermögen zu verbessern,
- die anaerob-laktazide und anaerob-alaktazide Energiebereitstellung zu trainieren,

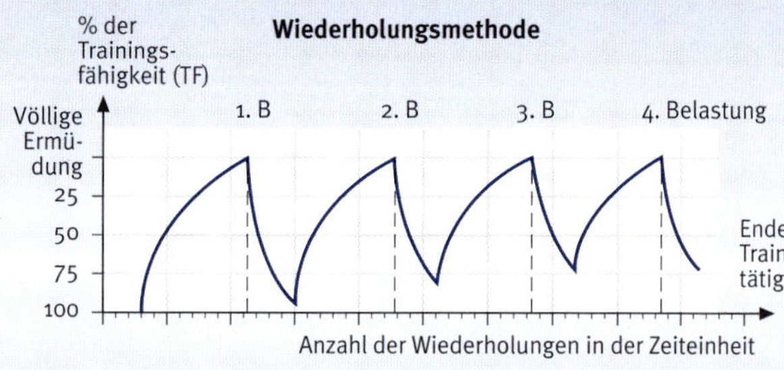

Belastungsintensität	Pause	Belastungsumfang	Belastungsdauer
90–100 %	(4–30 min) vollständige Pause	gering	nach Streckenlänge kurz – mittel

Schematische Darstellung der Wiederholungsmethode

Schematische Darstellung der Wettkampfmethode

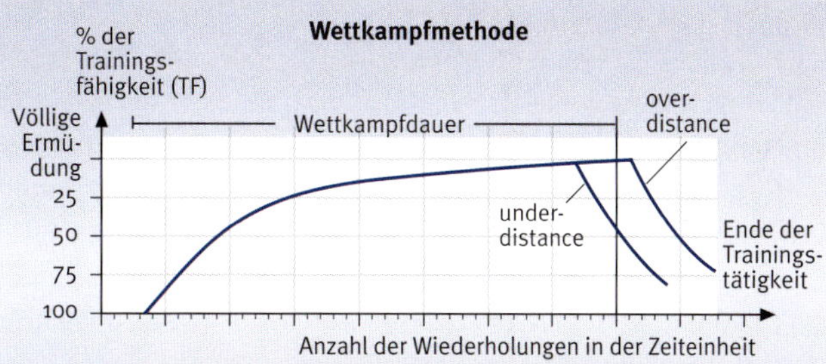

Belastungs-intensität	Pause	Belastungs-umfang	Belastungs-dauer
95–100 %	ohne	gering – mittel	nach Streckenlänge mittel – lang

➤ die erworbenen Grundlagenfähigkeiten an wettkampfspezifische Belastungen anzupassen.

Zusammenfassend kann man sagen, dass die Wiederholungsmethode eine sehr effektive Methode darstellt, um die spezielle Ausdauer zu verbessern, dass sie jedoch vor allem auf höherem Leistungsniveau Anwendung findet.

Wettkampfmethode (wettkampfspezifische Methode-wspM)

Diese Methode ist, wie schon oben im Bereich der Wiederholungsmethode erwähnt, fast ausschließlich dem Leistungssport vorbehalten. Sie ist gekennzeichnet durch eine einmalige wettkampftypische Beanspruchung in einer dichten Wettkampffolge. Es kann die reale Wettkampfbelastung durchgeführt oder eine Belastung über oder unter der realen Wettkampfbelastung gewählt werden. Zusatzbelastungen im Ausdauerbereich sollten nur bis etwa 102 bis 103 Prozent (auch bis 105 Prozent bei rollender oder gleitender Fortbewegung) gewählt werden. Geeignete Formen für das Training mit Zusatzbelastungen sind z. B. Schwimmen mit Strumpfhose, Radfahren im großen Gang, bergauf oder gegen den Wind sowie Laufen bergauf oder mit Gewichtsmanschetten.

Vorrangiges Ziel dieser Methode ist es:

➤ die wettkampfspezifische Ausdauer zu entwickeln und zu verbessern,

➤ Erfahrung unter Wettkampfbedingungen zu sammeln und Wettkampfhärte zu entwickeln,

➤ die taktischen Fähigkeiten zu verbessern und

➤ Funktionszustände einzelner Systeme zu erlangen, die im Training oder bei sonstigen Leistungskontrollen in der Regel nicht erreicht werden.

So kann zusammenfassend gesagt werden, dass sie eine äußerst komplexe Trainingsmethode darstellt, die alle für die jeweilige Sportart speziellen Fähigkeiten gleichzeitig schult.

Trainingsdosierung

Wie so vieles im Leben ist der Erfolg des Trainings abhängig von der Kunst, das Training richtig zu dosieren, also die goldene Mitte zu finden. Dabei spielen zwei Faktoren eine bedeutende Rolle:
Welche **Reize** werden dem Körper geboten?
Welche Möglichkeiten der angemessenen Erholung, also **Regeneration** hat der Körper?

Ein allgemeines biologisches Gesetz besagt sinngemäß, dass die allgemeine Leistungsfähigkeit eines gesamten Organismus oder auch nur eines einzelnen Organs bestimmt wird durch:

- die Qualität der Beanspruchung und
- die Quantität der Beanspruchung.

Übersetzen wir das Wort »Beanspruchung« mit dem Wort »Reiz«, dann bedeutet das, dass der Organismus nur dann mehr an Leistung erbringen kann, wenn er einen angemessenen Reiz erfährt und sich somit dem Reiz anpasst.
Das kennt man aus vielen Bereichen im Leben. Wird eine Eigenschaft nicht gefördert, so wird sie schwächer. Wird diese aber genutzt und gefördert, so wird sie stärker.

> Anders ausgedrückt: Der Reiz sollte ungewohnt, also über das gewohnte Maß (Schwelle) hinausgehen, um einen Trainingseffekt zu erzielen.

Würde man zum Beispiel einen stark ausgebildeten Muskel mit geringen Gewichten trainieren, so verliert der Muskel die erworbene Leistungsfähigkeit. Würde man dieselbe Last einem Patienten, der acht Wochen Bettruhe hinter sich hat, anbieten, wäre dieser hoffnungslos überfordert. Diese Zusammenhänge werden das *Roux'sche Prinzip* genannt.
Also ausgehend von einer gegebenen körperlichen Verfassung wirken sich unterschiedliche Reizstärken folgendermaßen aus:
Unterschwellige Reize bleiben wirkungslos,
schwache Reize erhalten die Funktion,
überschwellige Reize sind trainingswirksam,
zu starke Reize überfordern (Gefahr von Verletzungen oder Übertraining).

Das bedeutet, dass man herausfinden muss, auf welchem Leistungsstand man ist, um dann einen richtig dosierten überschwelligen Reiz zu setzen. Im Ausdauersport haben sich einfache Methoden etabliert, um den Leistungsstand zu bestimmen (siehe S. 42).

Wie oft sollte man ein Ausdauertraining durchführen?

Zur Beantwortung dieser Frage bezüglich des Gesundheits- und Breitenausdauersports genügt es, sich einige Regeln zu merken, die durch die Physiologie unseres Körpers vorgegeben werden. Möchte man seinen Trainingsplan erstellen, so sind folgende Regeln zu beachten:

Trainingshäufigkeit vor Trainingsdauer
Es ist trainingswirksamer, drei Mal in der Woche eine halbe Stunde zu laufen, als ein Mal pro Woche 90 Minuten.

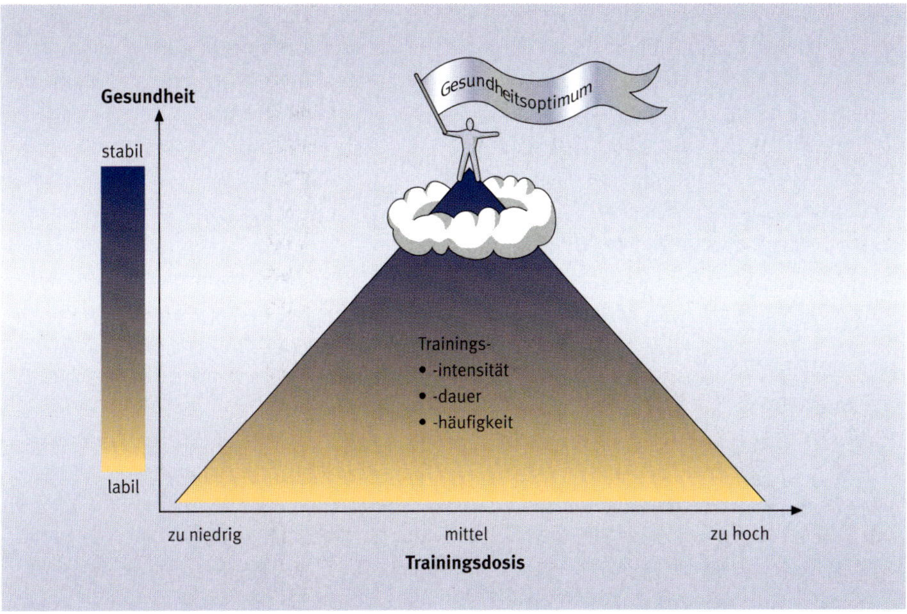

Erlangung des Gesundheitsoptimums durch die Wahl der richtigen Trainingsdosis

Trainingsdauer vor Trainingsintensität

Um ein Grundlagenausdauertraining mit deutlichem Fettstoffwechselanteil durchzuführen, sollte man die Trainingsdauer einer Einheit erhöhen und locker laufen, anstatt kürzer und schneller.

Die gesamte Trainingsdosis, die sich aus Trainingsintensität, -dauer und -häufigkeit zusammensetzt, sollte in einem mittleren Bereich liegen. Hierdurch kommt es nicht nur zu einer Optimierung der Leistung, sondern auch zu einer stabilen Gesundheit. Die genannten Prinzipein müssen mit dem Trainingsrhythmus in Einklang gebracht werden.

Wochenrhythmus

Anfänger/innen sollten mit drei Trainingseinheiten in der Woche beginnen. So bleiben vier Tage für die Erholung. Mit steigender Ausdauerfähigkeit wird zuerst die Häufigkeit, dann der Umfang des Trainings gesteigert. Mehr als fünf Trainingstage in einer Woche müssen es aber nicht sein, denn sonst würde die Regeneration zu kurz kommen. Eventuell können Ausgleichssportarten eingebaut werden, wie zum Beispiel lockeres Schwimmen. Auch die Trainingsintensitäten und die Trainingsumfänge sollten innerhalb einer Woche leicht variieren.

Monatsrhythmus

Es empfiehlt sich, einen Vier-Wochen- Rhythmus einzuhalten, bei dem drei Wochen lang die Belastung stetig gesteigert wird. In der vierten Woche wird eine Ruhewoche eingebaut, in der das Training um 50 bis 60 Prozent reduziert wird und keine intensiven Einheiten absolviert werden. Mit dieser Methode wird dem Körper genug Zeit gegeben, die vorangegangenen Trainingsreize zu verarbeiten, wobei ein lockeres regeneratives Training unterstützend wirkt.

Jahresrhythmus

Einmal im Jahr sollte der regelmäßig Trainierende eine Pause einlegen, die länger als eine Woche ist. So bekommt der Körper die Gelegenheit, Systeme zu regenerieren, die nicht allzu schnell eine Trainingsanpassung aufweisen, wie z. B. Bänder und Sehnen. Man kann eine Pause von vier Wochen zum Beispiel zwischen die Wettkampfsaisons legen, oder wenn man kein/e Wettkämpfer/in ist vielleicht um Weihnachten herum. In dieser Zeit reicht es aus, einen geringen Trainingsumfang von 20 bis 30 Prozent aufrechtzuerhalten oder regenerativen Ausgleichssport zu betreiben.

Nicht nur der Körper profitiert von dieser Pause. Auch mental startet man wieder motiviert in das nächste Trainingsjahr, ohne einen merkbaren Leistungsverlust zu spüren.

Regeneration und Superkompensation

Die Fähigkeit des Organismus, sich zu erholen, also die Regeneration, spielt bei der Planung des Trainings und der nächsten Reizsetzung eine bedeutende Rolle. Absolviert der Sportler eine Trainingseinheit, so ermüdet das Körpersystem während der Belastung, vorausgesetzt der Belastungsreiz ist überschwellig. Bekommt der Körper nach der Belastung die Gelegenheit, sich zu regenerieren, so wird er bald sein Ausgangsniveau vor der Trainingseinheit erreichen. Durch geeignete Maßnahmen kann man die Regenerationsphase optimieren.
Doch darüber hinaus, und das macht den Trainingseffekt aus, wird der Körper bemüht sein, sich besser gegen eine solche, soeben erfahrene Belastung zu wappnen, um einer wiederholten Ermüdung zu widerstehen. Dieser Trainingseffekt drückt sich in der Anpassung der Muskulatur, des Herz-Kreislauf-Systems, des Stoffwechsels und weiterer Systeme aus.

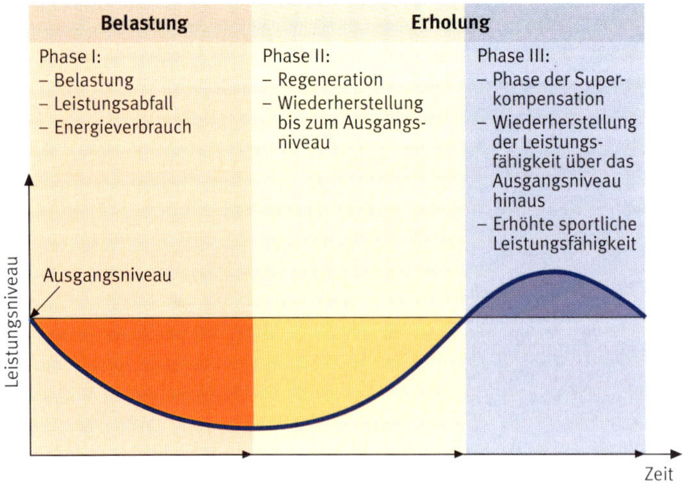

Superkompensationsmodell

Verbesserung des Leistungsniveaus durch optimales Timing wiederholter Trainingsreize

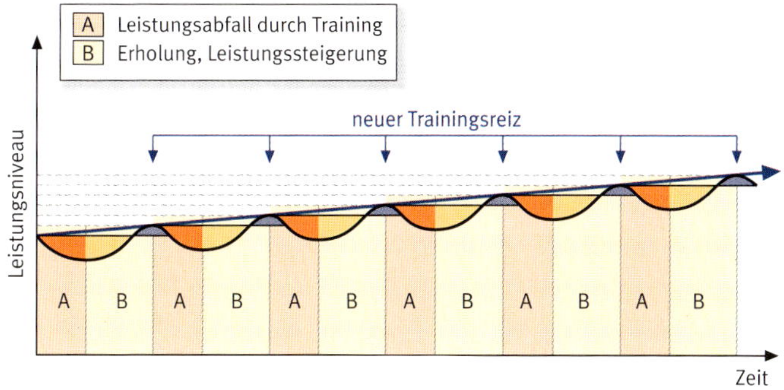

Der Körper kompensiert also über das vorherige Maß hinaus. Diesen Effekt nennt man die Superkompensation.

In der Praxis bedeutet das, dass eine genügende Ausruhphase zwischen den Trainingseinheiten ausschlaggebend für den Trainingserfolg ist.

Allerdings neigen die meisten Ausdauersportler/innen dazu, zu viel zu trainieren. Abgesehen davon, dass selbst erfahrene Ausdauersportler/innen dem Trugschluss unterliegen, dass noch mehr Training auch bessere Resultate ermöglicht, wird das regelmäßige Training irgendwann zur Sucht. Es fällt dann zunehmend schwerer, Ruhetage einzuhalten.

Daher sollte man in einem Trainingsplan eher einen Regenerationsplan sehen, der bestimmte Ruhephasen in regelmäßigen Abständen vorsieht.

Für ein erfolgreiches Training ist es also aus genanntem Grund wichtig, die nächste Trainingseinheit in den Bereich der Superkompensation zu legen. Dabei muss der Belastungsreiz allerdings größer als der vorherige sein. Geschieht dies nicht, so wird die Leistungsfähigkeit des Organismus wieder sinken.

Setzt man hingegen den nächsten Trainingsreiz zu früh, so hat der Körper keine Gelegenheit, sich ausreichend zu regenerieren oder sich über das vorherige Maß hinaus aufzubauen. Durch die neue Belastung ermüdet der Organismus erneut. Die Folgen wären Stagnation und Überforderung, die auch zu einem Leistungsabfall bis hin zum Übertraining führen können.

Zusammengefasst kann man sagen:

> Nicht das Training an sich verbessert die Kondition, sondern die Ruhephase danach.
> »Erst die Regeneration garantiert den Trainingserfolg!«

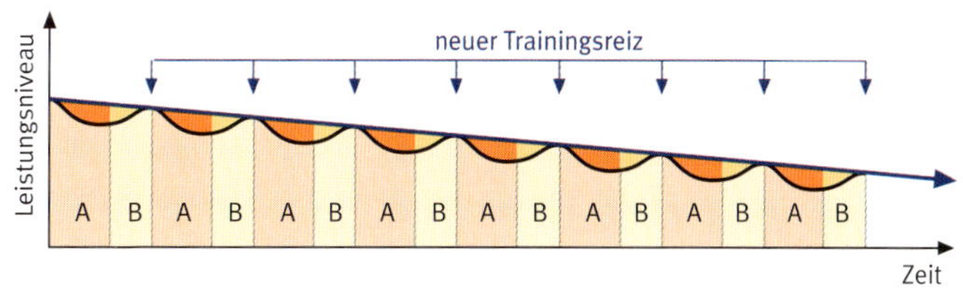

Verschlechterung des Leistungsniveaus durch zu früh wiederholte Trainingsreize

Hiermit wird deutlich, dass eine Überbelastung des Körper vermieden werden sollte. Nicht nur, dass im schlimmsten Falle die Gesundheit darunter leidet, sondern auch dass der/die anfangs motivierte Ausdauersportler/in durch eine Leistungsstagnation oder einen Leistungsabfall die Lust am Training verlieren könnte. Deshalb ist es von besonderer Wichtigkeit, die oben erwähnten Prinzipien zu beachten.

Grundsätzlich kann man sagen, dass ein gut trainierter Körper eine höhere Regenerationsfähigkeit besitzt. Aber der genaue Zeitpunkt, wann welche Person sich nach einer Belastung so erholt hat, dass die nächste Einheit begonnen werden kann, ist für Freizeit- und Breitensportler/innen sehr schwer einzuschätzen.

Aus diesem Grunde ist es für jeden Sportler besonders wichtig, diesbezüglich Erfahrungen zu sammeln, in seinen Körper hineinzuhorchen und auszuprobieren, wie viel Erholung nach einer sportlichen Belastung nötig ist.

Unterstützende Maßnahmen bei der Regeneration

Cool-down

Jede Ausdauersportart kann in einem regenerativen Bereich betrieben werden. Eine solche Einheit bietet sich besonders nach anstrengenden Einheiten an, zum Beispiel das Auslaufen als Cool-down oder aber auch noch ein bis zwei Tage nach einer intensiven Belastung. Auch nach einer durchstandenen Krankheit bietet sich eine solche Belastung als Einstieg an.

Dehnung

Die Dehnung der belasteten Muskulatur beugt Verspannungen und Verkürzungen vor und unterstützt den Stoffwechsel. Sie sollte zu jeder Trainingseinheit gehören. Aber achten Sie darauf: Dehnung sollte niemals Schmerzen bereiten, wenn überhaupt, dann nur ein angenehmes Ziehen (siehe Kapitel Gymnastik, S. 71).

Essen und Trinken

Wasser ist ein besonders wichtiger Stoff für alle Stoffwechselvorgänge in unserem Körper. Bei Ausdauersportarten wird viel Wasser verbraucht, wobei auch wichtige Mineralien (Elektrolyte) ausgespült werden. Beides sollte nach dem Training über 24 Stunden verteilt gleichmäßig zugeführt werden. Oft reichen hochwertige Mineralwässer, mit denen man Säfte zu Schorlen verdünnen kann. Kaffee, Alkohol und süße Getränke fallen nicht in die Kategorie »Regenerationsgetränke«. Diese Getränke fördern den Wasser- und insbesondere den Elektrolytverlust.

Beim Ausdauersport werden die Kohlenhydratspeicher in besonderem Maße genutzt und somit geleert. Daher ist es sinnvoll, nach einer Trainingseinheit die Speicher wieder zu füllen, da diese nach einer Belastung zudem besonders empfänglich für Kohlenhydrate sind. Aber Vorsicht: Ein wenig Ausdauersport ist kein Freischein für übermäßigen Genuss. Besonders wenn man abnehmen möchte, sollte der Energieverbrauch höher als die Kalorienaufnahme durch Nahrung sein. Hier bietet sich Obst an, da es durch seinen hohen Kohlenhydrat- und Wasseranteil, durch eine optimale Zusammensetzung von Mineralien und Vitaminen hervorsticht.

Förderung der Regeneration durch Sauna

Duschen, Bäder, Sauna

All diese angenehmen Entspannungsmöglichkeiten nach dem Training schmeicheln nicht nur der Seele, sondern helfen bei der Erholung der Muskeln und der Haut, da sie in besonderem Maße durchblutungsfördernd sind. Damit unterstützen sie den Stoffwechsel.

Bäder und Saunagänge sollten aber nicht allzu ausgedehnt ausfallen, da der Körper so abermals Wasser verliert. Daher ist auf die Flüssigkeitsaufnahme besonders zu achten.

Massagen

Eine gute Massage hat ebenfalls die Wirkung, dass sie entspannend ist und den Stoffwechsel unterstützt.

Besonders zu empfehlen sind Wasserbecken mit Unterwassermassage, die in einigen Schwimmanlagen zu finden sind. Hierbei wird das Körpergewicht vom Wasser getragen, die Muskulatur wird massiert und man bewegt sich schwimmend voran. All dies unterstützt die Regeneration.

Sportwissenschaftliche Gesetze zu Training und Regeneration sollten mit einem gut ausgeprägten Körpergefühl kombiniert in das Training eingebracht werden!

Befolgt man diese Ratschläge, so ist ein motivierendes, erfolgreiches und gesundheitlich effektives Sportlerleben sichergestellt.

Gymnastik für Ausdauersportler

Alle Bewegungen werden durch Muskeln als aktives Element und Gelenke als passives Element ermöglicht. Um Bewegungen, nicht nur im Sport, optimal ausführen zu können, müssen die Muskeln über ein ausreichendes Maß an Flexibilität, Geschmeidigkeit und Kraft verfügen. Deshalb soll in diesem Kapitel unter dem Oberbegriff »Gymnastik« auf die Themen **Dehnung und Kräftigung** eingegangen und deren Stellenwert erläutert werden. Ausdauersportler/innen neigen dazu, diese Themen zu vernachlässigen, da es ihnen vielleicht lästig ist oder weil sie einfach nicht daran denken. Vielleicht spielt aber auch der Faktor Zeit eine Rolle, nach dem Motto: »Lieber noch eine Runde Laufen anstatt komische Übungen im Park machen!« Was diese Sportler/innen dabei aber vergessen ist, dass die Faktoren Kraft und Beweglichkeit starken Einfluss auf ihre Leistungsfähigkeit haben. Das gilt übrigens nicht nur für Ausdauersportarten.

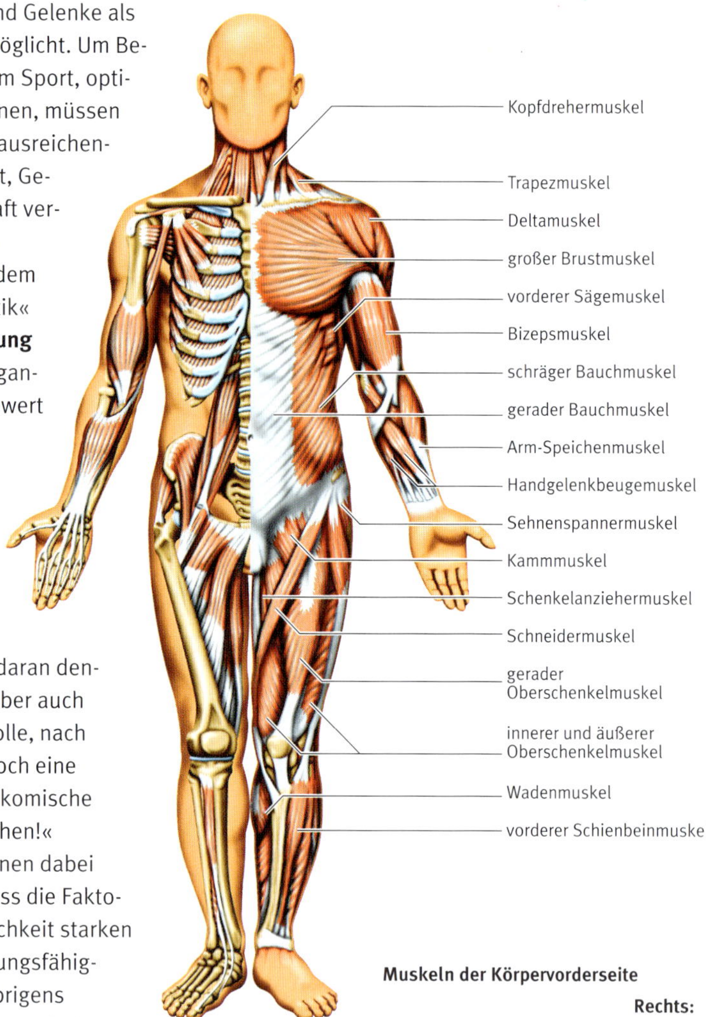

Muskeln der Körpervorderseite

Rechts: Muskeln der Körperrückseite

Zudem dient ein regelmäßig durchgeführtes Dehn- und Kräftigungsprogramm nicht nur dem Aussehen, sondern auch der Gesundheit und beugt Verletzungen vor, sodass die lieb gewonnene Sportart ohne Bedenken und Einschränkungen über lange Zeit betrieben werden kann.

Daher sollte die Gymnastik als Ergänzung und Ausgleich zur Hauptsportart angesehen und fest im Trainingsplan und im Kopf verankert werden. Es wird sich nicht nur im Sport sondern auch im Alltag bezahlt machen.

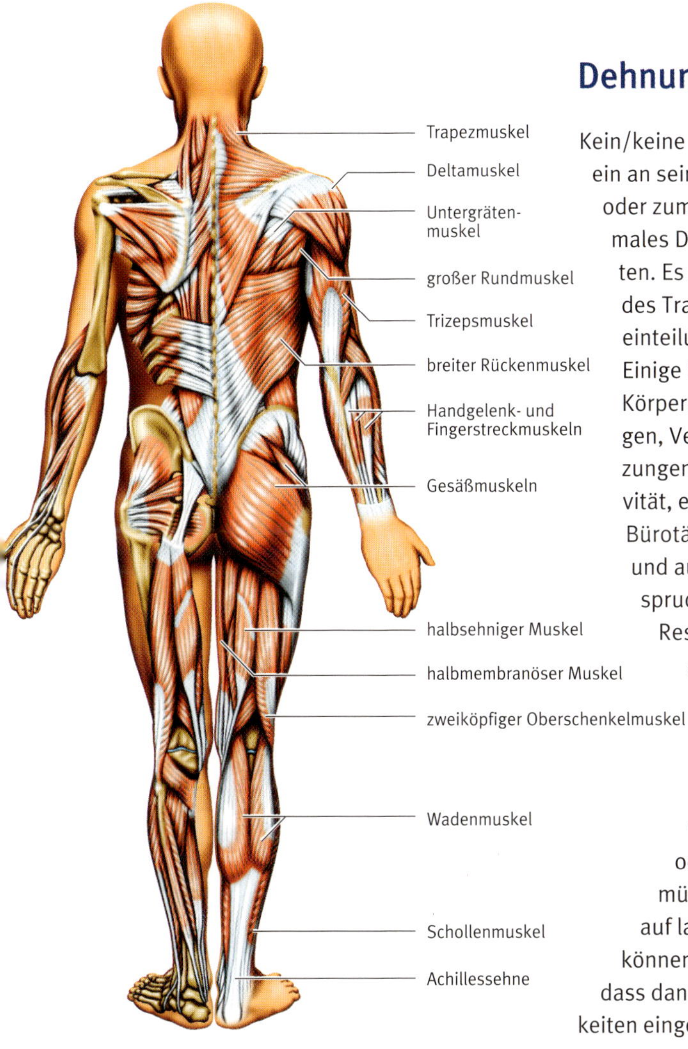

Dehnung

Kein/keine Sportler/in sollte mehr auf ein an seine Sportart angepasstes oder zumindest allgemeines, minimales Dehnungsprogramm verzichten. Es sollte als fester Bestandteil des Trainingsplans bei der Zeiteinteilung berücksichtigt werden. Einige Muskeln des menschlichen Körpers neigen zu Verspannungen, Verkrampfungen und Verkürzungen. Stress, sportliche Inaktivität, einseitige Belastungen (z. B. Bürotätigkeit, Fließbandarbeit) und auch körperliche Überbeanspruchung begünstigen dies. Resultat solcher Verspannungen sind u.a. Bewegungseinschränkungen, Haltungsschwächen, Minderversorgung der Muskulatur mit Nährstoffen, die allesamt in akute oder chronische Schmerzen münden und für die Gelenke auf lange Sicht schädigend sein können. Daher ist es verständlich, dass dann auch sportliche Möglichkeiten eingeschränkt werden.

Effekte eines regelmäßigen Beweglichkeitstrainings

Muskulatur:
- verbesserte Dehnfähigkeit
- höhere Kraftentwicklung
- schnellere Regeneration nach Belastung
- Verletzungsvorbeugung

Gelenke:
- verbesserte Beweglichkeit
- höhere Stoffwechselaktivität
- Arthrosevorbeugung

Wirbelsäule:
- Beseitigung muskulärer Dysbalancen
- Haltungsverbesserung
- Vorbeugung von Bandscheibenschäden

Nervensystem/Psyche:
- verbesserte muskuläre Steuerungsfähigkeit
- erhöhtes Körpergefühl
- Wohlbefinden

Muskeln, die zur Verkürzung und Verspannungen neigen sind:
- ➤ Wadenmuskeln,
- ➤ Oberschenkelmuskulatur (besonders die Beinbeuger auf der Rückseite),
- ➤ Hüftbeuger,
- ➤ Muskulatur der Lendenwirbelsäule,
- ➤ Brustmuskulatur.

Solche stark ausgeprägten Verkürzungen, machen sich an der Körperhaltung bemerkbar.

Dehnung: Wie und wann?

Wie bereits erwähnt, sollte ein Minimalprogramm zu jeder Trainingseinheit gehören. In der Literatur streitet man sich darüber, ob man bereits vor dem Training dehnen sollte. Einig ist man sich aber darin, dass es unbedingt zu der Abwärmphase gehört.

Wir empfehlen folgendes Programm:
- ➤ 10 bis 15 Minuten extensive Dauerbelastung zum Aufwärmen, um den Körper, die Muskulatur und das Nervensystem auf die Anforderungen vorzubereiten,
- ➤ Dehnung der wichtigsten Muskelgruppen (Minimalprogramm),
- ➤ Bewegung so ausführen, dass ein leichtes Ziehen zu spüren ist, welches nach einigen Sekunden abklingen sollte. Ist dies nicht der Fall, dann Spannung etwas zurücknehmen.
- ➤ **Schmerzen unbedingt vermeiden!**
- ➤ jede Übung 10 bis 20 Sekunden halten,
- ➤ die wichtigsten Muskeln nacheinander dehnen.

Führen Sie immer zwei bis drei Durchgänge durch:
- ➤ dann Durchführung der Trainingseinheit,
- ➤ nach dem Training abermals die beanspruchte Muskulatur dehnen wie vor dem Training, aber jede Übung mindestens 20 bis 30 Sekunden halten, drei Durchgänge.

TIPPS:

Sollte Ihnen beim Dehnen kalt werden, dann bewegen Sie sich zwischen den einzeln Übungen weiter.
Um eine Auskühlung zu vermeiden, kann das Dehnen nach dem Training auch zu Hause durchgeführt werden.
Achten Sie bei allen Übungen darauf, dass der Atem niemals angehalten wird. Atmen Sie ruhig und tief weiter.
Führen Sie die Übungen bewusst durch und erspüren Sie die Wirkung.
Wichtig: *Vor intensiven Einheiten sollte die Muskulatur ausgiebiger als sonst gedehnt werden!*

Abgesehen vom Dehnen vor und nach einer Trainingseinheit empfiehlt es sich, 1- bis 2-mal die Woche das gesamte dargestellte Programm zu durchlaufen und es dann gegebenenfalls mit dem Krafttraining zu kombinieren.
Dehnung unterstützt zudem die Entspannung und fördert das Körpergefühl. Daher eignet es sich auch als Alternativprogramm während der Regenerationszeiten (Ruhewoche).

Großes Dehnprogramm
(30 bis 60 Minuten):

- 10 bis 15 Minuten Aufwärmen,
- alle Muskelgruppen 30 bis 60 Sekunden dehnen,
- mindestens drei Durchgänge,

alles weitere siehe oben.

Dehnungsübungen

Für die Wadenmuskeln (1)

Sie stehen in weiter Schrittstellung. Das vordere Bein wird gebeugt und das hintere Bein gestreckt, sodass es eine Linie mit dem Oberkörper bildet. Durch weiteres Beugen des vorderen Kniegelenks dehnen Sie die Wadenmuskulatur des hinteren Beines. Dabei darf das Kniegelenk nicht über die Zehenspitzen ragen und die hintere Ferse muss fest in den Boden gedrückt werden. Wiederholen Sie die Übung für die andere Seite.

Für die Hüftbeugemuskulatur (2)

Machen Sie einen langen Ausfallschritt und legen Sie das hintere Bein auf dem Knie ab. Stellen Sie das vordere Bein so ab, dass das Knie nicht über die Fußspitze ragt. Nun beu-

1

2

gen Sie den Oberkörper so weit nach vorne, dass er mit dem hinteren Oberschenkel eine gerade Linie bildet. Um das Gleichgewicht zu halten, stützen Sie sich mit den Händen auf dem Oberschenkel ab. Schieben Sie dann das Becken nach vorne/unten, bis Sie eine Dehnung spüren. Achten Sie darauf, dass Sie den Rücken gerade halten.

Für die Beinrückseite (3)

Legen Sie die Ferse auf einer Bank oder einem Stuhl ab. Legen Sie eine oder beide Hände auf den Pobacken ab und neigen Sie sich dann mit geradem Rücken nach vorne.

Für die Oberschenkelvorderseite (4)

Fassen Sie den Fuß am Fußrücken mit einer Hand. Stehen Sie aufrecht auf einem Bein und ziehen Sie die Ferse in Richtung Gesäß. Achten Sie darauf, dass Sie kein Hohlkreuz machen. Damit Sie das Gleichgewicht halten, können Sie sich bei dieser Übung an einem Baum o. Ä. festhalten.

Für die Adduktoren (5)

Sie legen sich auf den Rücken und fassen die Fußgelenke, wie in der Abbildung zu sehen. Mit der Rotation der Oberschenkel nach außen spreizen Sie die Beine vorsichtig so weit wie möglich. Dabei stützen Sie die Bei-

5

6

ne mit den Armen auf der Oberschenkelinnenseite. Achten Sie darauf, dass die Lendenwirbelsäule am Boden bleibt.

Für die Gesäßmuskulatur (6)

Setzen Sie sich auf den Boden und strecken Sie ein Bein, schlagen Sie das andere Bein über, winkeln Sie es an und stellen Sie es in Höhe des Kniegelenk des gestreckten Beines auf. Drehen Sie dann den Oberkörper in Richtung des angewinkelten Beines und ziehen Sie den Oberschenkel in Richtung Brust. Drücken Sie mit dem Ellbogen gegen die Außenseite des aufgestellten Beines.

Für die seitliche Nackenmuskulatur (7)

Ziehen Sie im Stehen oder am Boden kniend beide Schultern nach unten, machen Sie den Hals lang und neigen Sie dann den Kopf zur Seite. Schauen Sie nach vorne, ohne den Kopf nach vorne oder nach hinten zu kippen. Der Handballen der zu dehnenden Seite zieht zum Boden. Der andere Arm hängt ent-

7

weder locker herab oder Sie verstärken die Dehnung, indem Sie den Kopf umfassen und ihn vorsichtig zur Seite ziehen.

Für die Wirbelsäule (8)

Stellen Sie sich in die Grätschposition, legen Sie die Hände auf die Oberschenkel wie in den Abbildungen unten. Beugen (Katzenbuckel) und strecken Sie die Wirbelsäule nun im Wechsel. Achten Sie darauf, dass Sie die Schultern nicht nach oben ziehen.

Für die Brustmuskulatur (9)

Winkeln Sie einen Arm an und halten ihn gegen einen Baum oder einen Türrahmen, der andere Arm hängt herab. Drehen Sie dann den Kopf und den Oberkörper in die dem angewinkelten Arm entgegengesetzte Richtung, bis Sie ein deutliches Ziehen spüren.

9

8

8

Kräftigung

Um den passiven Bewegungsapparat (Skelett) zu unterstützen und die Gelenke zu schützen, bedarf es eines gut trainierten Muskelkorsetts. Zudem ist es wichtig, die gesamte Körpermuskulatur ausgewogen zu trainieren, um Dysbalancen zu vermeiden. Es wurde bereits erwähnt, dass gewisse Muskeln zu Verkürzungen neigen. Ebenso gibt es Muskelgruppen, die sehr schnell erschlaffen und so eine »schlaffe« Haltung und somit schmerzhafte Verspannungen verursachen. Dies betrifft besonders folgende Muskelgruppen:

- Beinstrecker,
- Gesäßmuskulatur,
- Bauchmuskulatur,
- Rückenmuskulatur und
- Schulter-/Nackenmuskulatur.

Ausdauerbelastungen reichen nicht aus, um eine gezielte Kräftigung zu erreichen. Da aber die Wirbelsäule und andere Gelenke stark beansprucht werden, müssen sowohl die umliegenden als auch die allgemein für die Körperrhaltung notwendigen Muskeln in einer speziellen Trainingseinheit stimuliert werden.

Betreibt man nur eine Ausdauersportart, so werden in der Regel immer wieder bestimmte Muskelgruppen beansprucht (außer beim Schwimmen meistens die Beine), andere werden unbeachtet »einfach mitgeschleppt« (außer beim Schwimmen meistens die Muskulatur des Oberkörpers). Dabei ist diese scheinbar inaktive Muskelmasse zuständig für die Stabilisation des gesamten Körpers und das Halten des Gleichgewichts.

Trainingsgeräte

Für das Krafttraining gibt es mehrere Möglichkeiten:

- Training mit dem eigenen Körpergewicht
  - bedarf guter Körperbeherrschung und -erfahrung,
  - ist schwer zu dosieren,
  - ist überall durchführbar,
  - es entstehen keine Kosten.

- Training mit Geräten
  - ist kostenintensiv,
  - bringt gute Trainingserfolge,
  - hat eine gute Dosierbarkeit,
  - ermöglicht gezieltes Training.

- Theraband
  - bedarf Übungserfahrung,
  - ist sehr gut dosierbar,
  - ist kostengünstig,
  - ist überall einsetzbar,
  - kann sehr variabel eingesetzt werden.

Wir empfehlen das Training mit dem Theraband, da es viele Vorteile vereint. Daher werden Übungsvorschläge mit dem Theraband dargestellt.

Krafttraining: Wie und wann?

Für das Krafttraining ist es empfehlenswert, sich ein bis drei Mal pro Woche ca. 30 bis 60 Minuten Zeit zu nehmen. Dies kann auch nach einer nicht intensiven Ausdauerbelastung stattfinden.

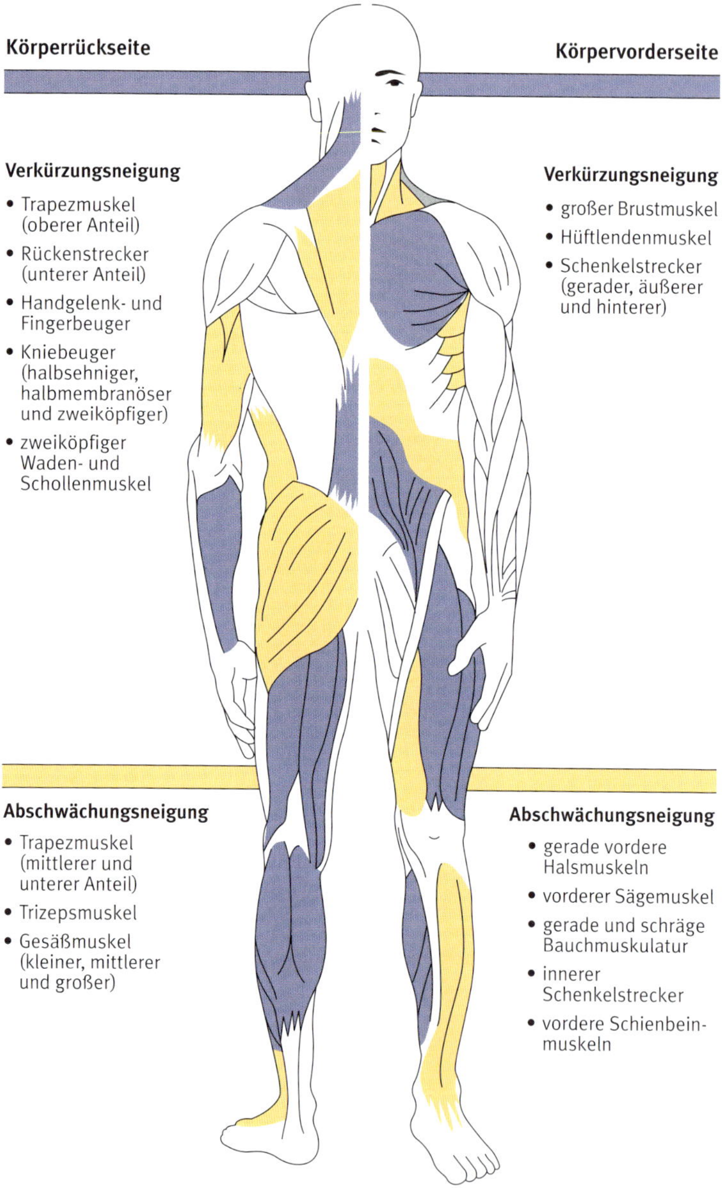

Muskeln mit Neigung zur Verkürzung (blau) und mit Neigung zur Abschwächung (gelb)

Rechte Seite: Gestaltung eines Krafttrainingsprogramms

> **Wichtig**: Bitte dehnen Sie die gekräftigte Muskulatur nach absolviertem Krafttraining.

Vorschlag für das Krafttraining

➤ 10 bis 15 Minuten extensive Dauerbelastung zum Aufwärmen, um den Körper, die Muskulatur und das Nervensystem auf die Anforderungen vorzubereiten.

➤ Wählen Sie das Gewicht bzw. die Spannung des Bands so, dass die Übung 15- bis 20-mal wiederholt werden kann. Je weniger trainiert die Muskulatur ist, desto mehr Wiederholungen und desto weniger Gewicht; je besser die Muskulatur trainiert ist, desto weniger Wiederholungen mit mehr Gewicht.

➤ Machen Sie für jede Muskelgruppe mindestens zwei, besser drei Durchgänge (Sätze).

➤ Zwischen den Sätzen sollte eine Pause von ca. 2 bis 3 Minuten sein (Vorschlag: In dieser Zeit kann ein anderer Muskel im Wechsel trainiert werden).

➤ Nach dem Krafttraining abwärmen und dehnen.

> **Achtung**: Auf fließende Atmung (keine Pressatmung!) und geraden Stand/Haltung achten; Hohlkreuz vermeiden!

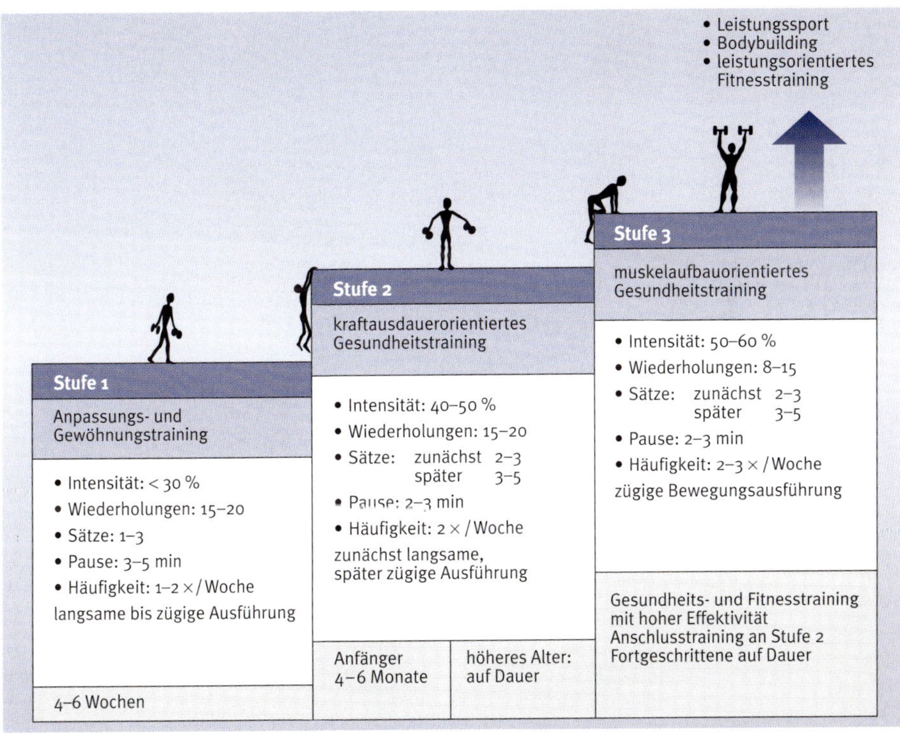

1

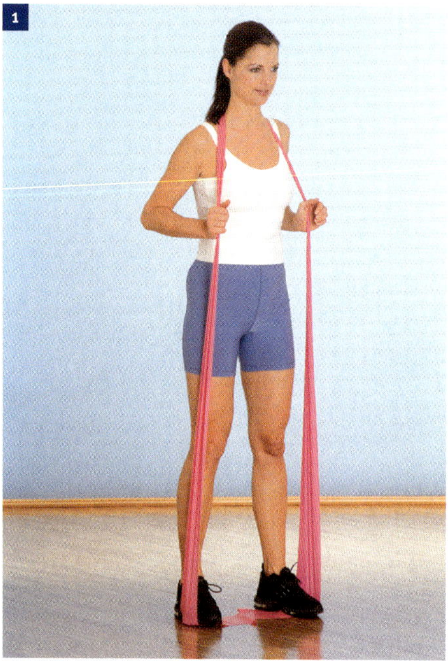

2

3

4

Kräftigungsübungen mit dem Theraband

Für Beine und Po

1. Kniebeugen (1, 2)

Sie stehen aufrecht, die Beine sind hüftbreit auseinander. Sie drehen die Fußspitzen leicht nach außen und fixieren die freien Enden des Bands unter Ihren Füßen. Schlüpfen Sie mit dem Oberkörper unter dem Band hindurch, sodass sich das Band am Nacken befindet, ohne auf die Halswirbelsäule zu drücken. Beugen Sie dann Hüften und Knie und atmen Sie dabei ein. Anschließend strecken Sie dann beide Beine und atmen tief aus.

2. Ausfallschritte (3, 4)

Sie stehen aufrecht und machen mit einem Bein einen Ausfallschritt weit nach vorne. Das Band befindet sich unter dem Fuß des nach vorne gestellten Beines. Fassen Sie die beiden Enden des Bands und spannen Sie das Band. Die Spannung muss immer gehalten werden. Beugen Sie dann das vordere Bein und atmen Sie dabei ein. Strecken Sie das Bein wieder und atmen Sie aus.

5

6

Für die Bauchmuskulatur (5, 6)

Sie liegen auf dem Rücken und winkeln die Beine an. Ziehen Sie das Band unter den Schultern hindurch und fassen Sie die freien Enden. Beugen Sie die Arme leicht nach vorne und heben Sie den Oberkörper an. Dabei drehen Sie sich leicht nach rechts. Strecken Sie nun den linken Arm und spannen Sie das Band. Die Übung kräftigt die schräge Bauchmuskulatur und gleichzeitig die Brustmuskulatur. Wechseln Sie die Seite.

Für den Rücken

Setzen Sie sich auf den Boden und strecken Sie die Beine. Legen Sie das Band um Ihre Füße und ziehen Sie die gestreckten Arme an den Körper heran. Dabei atmen Sie aus. Mit am Körper anliegenden Ellbogen trainieren Sie vor allem den breiten Rückenmuskel. Sind die Ellbogen 90 Grad nach außen gedreht, werden hauptsächlich die oberen Rückenmuskeln trainiert.

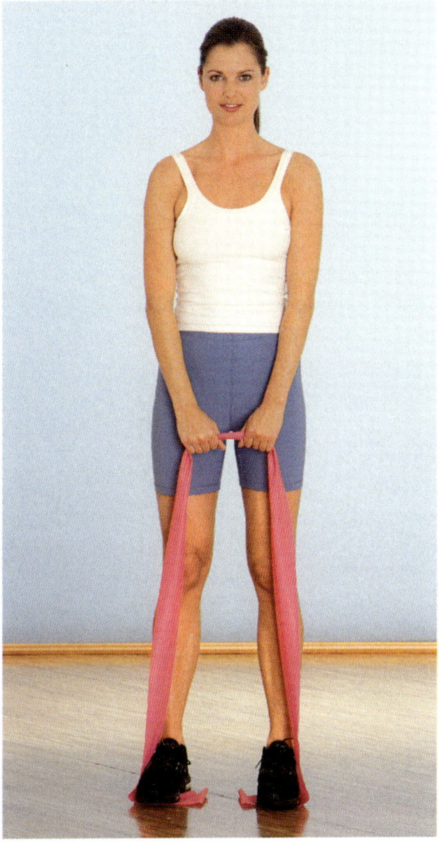

Für die Schultern

Sie stehen aufrecht mit hüftbreit auseinander gestellten Beinen, wobei die freien Enden des Therabands unter Ihren Füßen liegen. Mit den Händen greifen Sie das Band und ziehen es unter das Kinn. Dabei atmen Sie aus. Achten Sie darauf, dass die Handgelenke nicht abknicken.

Die Hände bilden in der oberen Position eine Verlängerung der Unterarme. Die Ellbogen zeigen bei dieser Übung nach außen.

Tipps zum Umgang mit dem Theraband:

Vermeiden Sie Übungen, die ein Zurückschlagen des Bandes in Kopfrichtung ermöglichen. Führen Sie das Band stets mit kontrollierter Spannung, auch beim Zurückführen. Übungen mit dem Theraband lassen sich nicht nur zu Hause oder auf dem Sportplatz, sondern auch bei der Arbeit während einer kleinen, aktiven Erholungspause durchführen.

Trainingspläne

In der Trainingswissenschaft gibt es eine Vielzahl von Definitionen bezüglich Trainingsmethoden und deren Intensitätsbereichen. Es werden unterschiedlichste Parameter zur Bestimmung der Trainingsintensitäten herangezogen. Die am häufigsten verwendeten Parameter zur Intensitätssteuerung sind Herzfrequenz, Laktatkonzentration und Sauerstoffaufnahme.

In der sportwissenschaftlichen Literatur werden die verschiedenen Trainingsbereiche unterschiedlich bezeichnet. Die Bezeichnungen, die in den exemplarischen Trainingsplänen verwendet werden, beziehen

4-wöchiger Trainingsplan Lauf-Anfänger/innen

Trainingswoche 1	**Montag**	**Dienstag** extensive Dauermethode: 5x3 min P: 3 min gehen	**Mittwoch**	**Donnerstag** extensive Dauermethode: 5x3 min P: 3 min gehen	**Freitag**	**Samstag**	**Sonntag** extensive Dauermethode: 5x4 min P: 3min gehen
Trainingswoche 2	**Montag**	**Dienstag** extensive Dauermethode: 3x5 min P: 3 min gehen	**Mittwoch**	**Donnerstag** extensive Dauermethode: 3x5 min P: 3 min gehen	**Freitag**	**Samstag**	**Sonntag** extensive Dauermethode: 4x5 min P: 4min gehen
Trainingswoche 3	**Montag**	**Dienstag** extensive Dauermethode: 3x5 min P: 3 min gehen	**Mittwoch**	**Donnerstag** extensive Dauermethode: 3x5 min P: 3 min gehen	**Freitag**	**Samstag** Extensive Dauermethode: 3x5 min P: 3 min gehen	**Sonntag** extensive Dauermethode: 4x5 min P: 3min gehen
Trainingswoche 4	**Montag**	**Dienstag** extensive Dauermethode: 2x10 min P: 4 min gehen	**Mittwoch**	**Donnerstag** extensive Dauermethode: 2x10 min P: 4 min gehen	**Freitag**	**Samstag** Extensive Dauermethode: 15–20 min	**Sonntag** extensive Dauermethode: 15-20 min

sich auf die in der Tabelle auf Seite 61 genannten Parameter.
Bei allen Trainingseinheiten sollten Sie darauf achten, dass Sie eine kurze Warm-up-Phase zu Beginn des Trainings durchführen. Es ist zum Beispiel ausreichend, die Einheit mit einem geringen Tempo zu beginnen und nach 5 bis 10 Minuten zur angestrebten Trainingsgeschwindigkeit zu kommen. Empfehlenswert ist zudem ein kurzes Stretching nach jeder Trainingseinheit. Es verbessert die Regeneration und eignet sich hervorragend, um das Training ausklingen zu lassen.

Fahrtspiel: Wörtlich bedeutet Fahrtspiel das Variieren des Tempos. Je nach Befinden und Streckenprofil wird mit dem Tempo in unterschiedlichem Maß variiert. Antritte, die zwischen 30 Sekunden und 5 Minuten liegen, wechseln mit langsamen Erholungsphasen ab. Meist orientiert man sich dabei einfach nur an markanten Stellen auf der Trainingsrunde. Je mehr Tempovariationen beim Fahrtspiel eingesetzt werden, desto besser und effektiver ist es. Besonders eignet sich das Fahrtspiel bei langen Dauerläufen im profilreichen Gelände.

4-wöchiger Trainingsplan fortgeschrittene Läufer/innen

Trainingswoche 1	**Montag**	**Dienstag** extensive Dauermethode: 30 min gleichmäßiger Lauf	**Mittwoch**	**Donnerstag** extensive/intensive Dauermethode: 30 min Lauf mit Fahrtspiel	**Freitag**	**Samstag** extensive Dauermethode: 40 min gleichmäßiger Lauf	**Sonntag** extensive Dauermethode: 45min gleichmäßiger Lauf
Trainingswoche 2	**Montag**	**Dienstag** extensive Dauermethode: 40 min gleichmäßiger Lauf	**Mittwoch**	**Donnerstag** extensive Dauermethode: 60 min gleichmäßiger Lauf	**Freitag**	**Samstag** extensive Dauermethode: 45 min gleichmäßiger Lauf	**Sonntag** extensive/intensive Dauermethode: 40 min Lauf mit Fahrtspiel
Trainingswoche 3	**Montag**	**Dienstag** extensive Dauermethode: 45 min gleichmäßiger Lauf	**Mittwoch** extensive/intensive Dauermethode: 45 min Lauf mit Fahrtspiel	**Donnerstag** regenerative Dauermethode: 30 min gleichmäßiger Lauf	**Freitag**	**Samstag** extensive Dauermethode: 75 min gleichmäßiger Lauf	**Sonntag** extensive/intensive Dauermethode: 45 min Lauf mit Fahrtspiel
Trainingswoche 4	**Montag**	**Dienstag** regenerative Dauermethode: 30 min gleichmäßiger Lauf	**Mittwoch**	**Donnerstag** extensive Dauermethode: 45 min gleichmäßiger Lauf	**Freitag**	**Samstag** extensive Dauermethode: 60 min gleichmäßiger Lauf	**Sonntag**

4-wöchiger Trainingsplan Rad-Anfänger/innen

Trainingswoche 1	**Montag**	**Dienstag** extensive Dauermethode: 45 min gleichmäßiges Tempo	**Mittwoch**	**Donnerstag** extensive/ intensive Dauermethode: 60 min wechselndes Tempo	**Freitag**	**Samstag** extensive Dauermethode: 60 min gleichmäßiges Tempo	**Sonntag** extensive Dauermethode: 60 min gleichmäßiges Tempo
Trainingswoche 2	**Montag**	**Dienstag** extensive Dauermethode: 60 min gleichmäßiges Tempo	**Mittwoch**	**Donnerstag** extensive Dauermethode: 60 min gleichmäßiges Tempo	**Freitag**	**Samstag** extensive/ intensive Dauermethode: 60 min wechselndes Tempo	**Sonntag** extensive Dauermethode: 75 min gleichmäßiges Tempo
Trainingswoche 3	**Montag**	**Dienstag** extensive Dauermethode: 60 min gleichmäßiges Tempo	**Mittwoch**	**Donnerstag** extensive/ intensive Dauermethode: 75 min wechselndes Tempo	**Freitag**	**Samstag** extensive/ intensive Dauermethode: 60 min wechselndes Tempo	**Sonntag** extensive Dauermethode: 90 min gleichmäßiges Tempo
Trainingswoche 4	**Montag**	**Dienstag** regenerative Dauermethode: 60 min gleichmäßiges Tempo	**Mittwoch**	**Donnerstag** extensive Dauermethode: 75 min gleichmäßiges Tempo	**Freitag**	**Samstag** extensive Dauermethode: 90 min gleichmäßiges Tempo	**Sonntag**

Sie sollten Ihr tatsächlich durchgeführtes Training in einem Trainingstagebuch dokumentieren (siehe S. 119). Dies trägt entscheidend zur Entwicklung und Verbesserung der Leistungsfähigkeit bei. Das Trainingstagebuch dient im Wesentlichen zur Überprüfung, ob bzw. inwieweit die jeweiligen Trainingsvorgaben und Trainingsziele erreicht wurden. Ein solches Trainingstagebuch sollten natürlich nicht nur Radfahrer, sondern auch Läufer, Walker und Inlineskater führen.

4-wöchiger Trainingsplan fortgeschrittene Radfahrer/innen

Trainings-woche	Montag	Dienstag	Mittwoch	Donnerstag	Freitag	Samstag	Sonntag
Trainings-woche 1	**Montag**	**Dienstag** extensive Dauerme-thode: 90 min gleich-mäßiges Tempo	**Mittwoch**	**Donnerstag** extensive/ intensive Dauerme-thode: 90 min wechselndes Tempo	**Freitag**	**Samstag** regenerative Dauermethode: 60 min gleich-mäßiges Tempo	**Sonntag** extensive Dauerme-thode: 90 min gleich-mäßiges Tempo
Trainings-woche 2	**Montag**	**Dienstag** extensive Dauerme-thode: 100 min gleich-mäßiges Tempo	**Mittwoch**	**Donnerstag** extensive/ intensive Dauerme-thode: 90 min wechseln-des Tempo	**Freitag**	**Samstag** extensive Inter-valle: Kraftaus-dauer: 3x5 min niedrige Trittfre-quenz (50-60), Pausen 5 min lockeres Tempo. 30 min Warm-up + Cool-down ex-tensive Dauer-methode	**Sonntag** extensive Dauer-methode: 120 min gleich-mäßiges Tempo
Trainings-woche 3	**Montag**	**Dienstag** extensive Dauerme-thode: 100 min gleich-mäßiges Tempo	**Mittwoch** extensive Dauer-methode: 60 min gleich-mäßiges Tempo	**Donnerstag** extensive/ intensive Dauerme-thode: 120 min wechseln-des Tempo	**Freitag**	**Samstag** extensive Inter-valle: Kraftaus-dauer: 5x5 min niedrige Trittfre-quenz (50-60), Pausen 5 min lockeres Tempo. 30 min Warm-up + Cool-down ex-tensive Dauer-methode	**Sonntag** extensive Dauer-methode: 120 min gleich-mäßiges Tempo
Trainings-woche 4	**Montag**	**Dienstag** regenera-tive Dauer-methode: 60 min gleich-mäßiges Tempo	**Mittwoch**	**Donnerstag** extensive Dauerme-thode: 90 min gleichmäßi-ges Tempo	**Freitag**	**Samstag**	**Sonntag** extensive/ intensive Dauer-methode: 150 min wechseln-des Tempo

4-wöchiger Trainingsplan für Walking-Anfänger/innen und -Fortgeschrittene

Trainingswoche 1	Montag	Dienstag	Mittwoch	Donnerstag	Freitag	Samstag	Sonntag
Hinweis: Für **Anfänger/innen** sind die Belastungszeiten inkl. Aufwärmen, Cool-down und Technikschulung. **Fortgeschrittenen** wird empfohlen, Aufwärmen, Cool-down und Stretching anzufügen		extensive Dauermethode: 30 min gleichmäßiges Tempo		extensive Dauermethode: 30 min gleichmäßiges Tempo			extensive Dauermethode: 45 min gleichmäßiges Tempo
Trainingswoche 2	**Montag**	**Dienstag**	**Mittwoch**	**Donnerstag**	**Freitag**	**Samstag**	**Sonntag**
Hinweis: Für **Anfänger/innen** sind die Belastungszeiten inkl. Aufwärmen, Cool-down und Technikschulung. **Fortgeschrittenen** wird empfohlen, Aufwärmen, Cool-down und Stretching anzufügen		extensive Dauermethode: 45 min gleichmäßiges Tempo		extensive Dauermethode: 45 min gleichmäßiges Tempo			extensive Dauermethode: 60 min gleichmäßiges Tempo
Trainingswoche 3	**Montag**	**Dienstag**	**Mittwoch**	**Donnerstag**	**Freitag**	**Samstag**	**Sonntag**
Hinweis: Für **Anfänger/innen** sind die Belastungszeiten inkl. Aufwärmen, Cool-down und Technikschulung. **Fortgeschrittenen** wird empfohlen, Aufwärmen, Cool-down und Stretching anzufügen		extensive Dauermethode: 45 min gleichmäßiges Tempo	extensive Dauermethode: 60 min gleichmäßiges Tempo	extensive Dauermethode: 60 min gleichmäßiges Tempo			extensive Dauermethode: 45 min gleichmäßiges Tempo
Trainingswoche 4	**Montag**	**Dienstag**	**Mittwoch**	**Donnerstag**	**Freitag**	**Samstag**	**Sonntag**
Hinweis: Für **Anfänger/innen** sind die Belastungszeiten inkl. Aufwärmen, Cool-down und Technikschulung. **Fortgeschrittenen** wird empfohlen, Aufwärmen, Cool-down und Stretching anzufügen		extensive Dauermethode: 45 min gleichmäßiges Tempo		extensive Dauermethode: 60 min gleichmäßiges Tempo		extensive Dauermethode: 75 min gleichmäßiges Tempo	extensive Dauermethode: 90 min gleichmäßiges Tempo

Besonderheiten des Ausdauertrainings im Kindes- und Jugendalter

Gerade in unserer technisierten Umwelt wird der natürliche Bewegungsdrang von Kindern und Jugendlichen immer mehr eingeschränkt. Es ist erschreckend zu sehen, wie Kinder mehr und mehr an Bewegungsfähigkeiten verlieren. Oft sind Kinder im Alter von 6, 7 Jahren überfordert, wenn von ihnen verlangt wird, rückwärts zu laufen. Umso wichtiger ist es, Kindern und Jugendlichen genügend Bewegungserfahrungen zu bieten. Eine Art dieser Bewegungserfahrung kann das Ausdauertraining mit all seinen Facetten darstellen. Besonders wichtig ist diese Art von Sport auch vor dem Hintergrund, dass die Zahl der übergewichtigen Kinder heutzutage stetig zunimmt.

Die Meinung über die Ausdauerbelastung in jüngeren Altersstufen hat sich im Gegensatz zu früheren Jahren geändert. So stellt die Unterbeanspruchung in Bewegungstätigkeiten des alltäglichen Lebens und des Schulsports heutzutage das größte Problem dar.

Ein Ausdauertraining für diese Altersstufen muss natürlich stets so gestaltet werden, dass die Lust und Motivation zum Sporttreiben erhalten bleibt.
Zum Aspekt der Ausdauerleistungsfähigkeit im Kindes- und Jugendalter sollen zunächst folgende **biologische Grundlagen** geklärt werden, die uns wichtig erscheinen. Wie auch bei Erwachsenen stellt die **maximale Sauerstoffaufnahme** (VO_{2max}) den limitierenden Faktor der aeroben Ausdauerleistungsfähigkeit dar.

Spiel und Sport sind eine wichtige Entwicklungsgrundlage

Die maximale Sauerstoffaufnahme ist bei Kindern und Jugendlichen absolut gesehen (ml/min) niedriger als bei Erwachsenen. Bezieht man die maximale Sauerstoffaufnahme jedoch auf das Körpergewicht (ml/min/kg KG), so weisen Kinder und Jugendliche höhere Werte in der relativen maximalen Sauerstoffaufnahme auf als Erwachsene. Die relative maximale Sauerstoffaufnahme eines Jungen liegt bei 50 ml/min/kg KG, die eines Mädchens bei 45 ml/min/kg KG. Ein untrainierter Mann zwischen 20 und 30 Jahren sollte verglichen dazu eine relative Sauerstoffaufnahme von 45 ml/min/kg KG aufweisen und eine untrainierte Frau gleichen Alters von 32–35 ml/min/kg KG (siehe S. 26).

Die **Herzfrequenzen** unter Belastung weisen bei Kindern und Jugendlichen hohe Werte auf. Dies ist in den bereits hohen Ruheherzfrequenzen zu begründen, die zum Beispiel bei 8-Jährigen bei ca. 90 Schlägen/min und bei Erwachsenen bei ca. 70 Schlägen/min liegen. Zur Steuerung der Belastungsintensität bei Kindern und Jugendlichen eignet sich der Parameter der Herzfrequenz jedoch nur bedingt, da es in der Herzfrequenzhöhe zwischen Untrainierten und Trainierten kaum Unterschiede gibt und mitunter erhebliche Intensitätssteigerungen bei hohen Frequenzen möglich sind. Daher scheint eine Steuerung der Belastungsintensität über die Fortbewegungsgeschwindigkeit sinnvoller.

Der **Muskelstoffwechsel** bei Kindern weist gute Voraussetzungen zur aeroben Energiebereitstellung auf. Studien vergangener Jahre fanden zum Beispiel eine höhere Verwertung von freien Fettsäuren für die Energiebereitstellung bei Kindern als bei Erwachsenen.

Die **anaerobe Kapazität** ist bei Kindern deutlich eingeschränkt. Sie verbessert sich mit zunehmendem Lebensalter wachstumsbedingt. Hieraus ergibt sich die Empfehlung für überwiegend aerobes Training in jüngeren Altersstufen und die Ausbildung der anaeroben Kapazität in späteren Altersstufen.

Altersstufen

Als Entwicklung im Kindes- und Jugendalter kann die Summe aller Wachstums-, Veränderungs- und Strukturierungsvorgänge angesehen werden, die der menschliche Organismus durchlebt. Gerade die Veränderung und Strukturierung von Geweben, Organen und Organsystemen hat bei Kindern und Jugendlichen entscheidenden Einfluss auf die Entwicklung der motorischen und psychischen Eigenschaften. Die körperliche Belastbarkeit und die Leistungsfähigkeit von Kindern und Jugendlichen sind dabei laufenden Veränderungen unterworfen. Folgende Tabelle stellt die biologischen Altersstufen dar, die für den Kinder- und Jugendbereich hier näher betrachtet werden sollen.

Entwicklungsstufen bei Kindern und Jugendlichen

Entwicklungsstufe	Kalendarisches Alter (Jahre)
Frühes Schulkindalter	6/7 bis 10
Spätes Schulkindalter	10 bis Eintritt der Pubertät Mädchen 11/12 Jungen 12/13
Erste pubertäre Phase (Pubeszenz)	Mädchen 11/12 bis 13/14 Jungen 12/13 bis 14/15
Zweite pubertäre Phase (Adoleszenz)	Mädchen 13/14 bis 17/18 Jungen 14/15 bis 18/19

In jeder Altersstufe ergeben sich Besonderheiten zur Trainierbarkeit bestimmter konditioneller und koordinativer Fähigkeiten, die in den folgenden Punkten kurz beschrieben werden.

- **Frühes Schulkindalter:** günstiger Zeitpunkt für den Erwerb motorischer Fertigkeiten und Verbesserung koordinativer Fähigkeiten;
- **Spätes Schulkindalter:** Zeitpunkt des besten Lernalters für das zielgerichtete Üben sportlicher Grundtechniken;
- **Pubeszenz und Adoleszenz:** günstiger Zeitpunkt zur Entwicklung der konditionellen Fähigkeiten.

Die Grundlagenausdauer ist in allen Altersstufen trainierbar, jedoch wird eine erhöhte Trainierbarkeit in der Pubeszenz beschrieben.

Praxis des Ausdauertrainings im Kindes- und Jugendalter

Im Folgenden wird das Ausdauertraining auf den Gesundheits- und Ausgleichssport für Kinder und Jugendliche bezogen und zielt nicht auf den Leistungssport ab. Des Weiteren wird versucht, hier eine Grundlage für alle Sportarten zu bilden, sodass die Vorgaben für das jeweilige sportartspezifische Training entsprechend verwendet werden können bzw. unterschiedliche Sportarten in das Training miteinbezogen werden, um die Vielseitigkeit besonders unter dem Aspekt der Motivation zu gewährleisten.

Folgende Punkte sollten für das Ausdauertraining im **frühen** wie auch **späten Schulkindalter** beachtet werden:

- Grundsätzlich gibt es für die aerobe Ausdauerschulung höchstens einen zu späten, aber keinen zu frühen Beginn!
- Das Ausdauertraining in diesem Alter sollte der Schaffung einer allgemeinen Grundlagenausdauer dienen, nicht aber der Herausbildung spezieller Ausdauerfähigkeiten.
- Alle Ausdauerbelastungen sollten abwechslungsreich, kurzweilig und kindgemäß gestaltet werden. Sie sollten Spaß machen und zudem der Fantasie der Kinder entgegenkommen.
- Der Umfang des Ausdauertrainings sollte mehr Betonung finden als die Intensität.
- Die **Trainingshäufigkeit** für eine gesundheitliche Wirkung in diesem Altersbereich beträgt ca. 120 Minuten pro Woche, verteilt auf 3 bis 4 Einheiten pro Woche. Somit finden Änderungen im Organismus bezogen auf die Herz-Kreislauf-Tätigkeit statt.
- Die **Trainingsintensität** für ein gesundheitsorientiertes Grundlagenausdauertraining sollte bei leicht bis mittel liegen, was einer maximalen Herz-Kreislauf-Auslastung von ca. 50 bis 70 Prozent entspricht. Das bedeutet im Kindesalter eine Herzfrequenz von ca. 150 bis 170 Schlägen/Minute. Ist der/die leitende Betreuer/in oder Trainer/in sehr erfahren, kann die Intensität über Geschwindigkeitsvorgaben gesteuert werden. Sollte dies jedoch nicht der Fall sein, ist es letztendlich für die anfängliche Ausdauertrainingspraxis die beste Methode, die Intensität indirekt über die Atmung zu steuern. Mit dem Satz: »Ihr sollt euch so belasten, dass ihr euch immer noch gut mit einem

Freund/Partner unterhalten könnt, ohne zu sehr aus der Puste zu kommen!« kann somit zumindest eine Überschreitung der oberen Belastungsintensität verhindert werden.

➤ Als **Trainingsmethoden** für dieses Alter kommen die Dauermethode und die Intervallmethode in Frage. Stets sollte in diesem Alter ein Wechsel der Trainingsmethoden und Trainingsinhalte im Vordergrund stehen. Dadurch soll gewährleistet werden, dass das Training abwechslungsreich gestaltet wird und so die Motivation der Kinder zum Sporttreiben erhalten bleibt. Es sollten deshalb je nach zur Verfügung stehenden Möglichkeiten unterschiedliche Sportarten in die Stunden miteingebaut werden, wie zum Beispiel Laufen, Radfahren, Schwimmen, Inlineskaten, Wandern, etc.

Im Folgenden sollen zwei Beispiele für die Dauermethode aufgezeigt werden:

➤ Minutenläufe: Wer kann 1,2,3, ... Minuten ohne Pause laufen?

Beispiel für die Aufstellung eines Dreieckslaufs

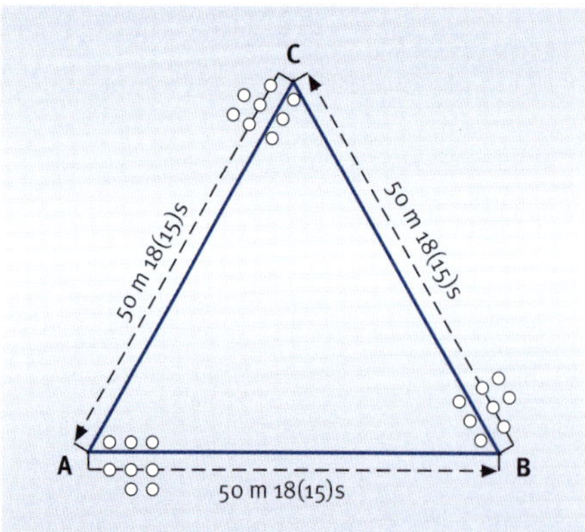

➤ Partnerlauf mit Fahrradbegleitung: nach gewisser Zeit oder Distanz wechseln die Partner zwischen Laufen und Radfahren.

➤ Dreiecksläufe: Hier wird mit Hütchen ein Dreieck abgesteckt, das die Kinder umlaufen sollen. Eckpunkte sollen bei einem bestimmten Signal erreicht werden (z. B. Pfiff). Somit soll auf ein gleichmäßiges Lauftempo hingearbeitet werden.

Beispiele für die Intervallmethode sollen im Folgenden dargestellt werden:

➤ kleine Spiele: zum Beispiel Schwarzer Mann, Nummernwettlauf etc.,

➤ modifizierte Sportspiele: zum Beispiel Mini-Basketball, Mini-Fußball, Hockey etc.,

➤ unterschiedliche Arten von Staffeln.

Grundsätzlich sollten in der Methodik keine Zwischen- oder Endspurts eingebaut werden, da sich bei Kindern sonst zu lange Erholungszeiten ergeben.

Für Kinder bzw. Jugendliche in der **Pubertät** ergeben sich für das Ausdauertraining folgende Besonderheiten:

➤ Der kindliche Organismus erfährt in diesem Alter die umfassendsten Veränderungen, was zu einer hohen Trainierbarkeit und Anpassungsfähigkeit vor allem der konditionellen Eigenschaften, Ausdauer und Kraft, führt. Dies resultiert aus der wachstumsbedingten Zunahme von Körpergewicht und Körpergröße.

➤ Das Training in diesem Alter entscheidet über die spätere Leistungsfähigkeit. Bei mangelnder Beanspruchung der funktionellen Anpassungsfähigkeit kann es später nicht zu einer vollen Entwicklung der Ausdauerleistungsfähigkeit kommen.

➤ Die **Trainingshäufigkeit** sollte bei mindestens 2- bis 3-mal pro Woche liegen, mit je 20 bzw. 30 Minuten effektiver Dauer. Da sich in diesem Alter die erworbenen konditionellen Fähigkeiten auch schnell wieder zurückbilden, ist diese Trainingshäufigkeit zur Steigerung der Ausdauerfähigkeit notwendig. Somit muss den Jugendlichen neben dem Schulsport die Möglichkeit gegeben werden, an einem regelmäßigen Training teilzunehmen oder sich in der Freizeit zu betätigen.

➤ Die **Trainingsmethoden** in dieser Altersstufe sind die variable Dauermethode und die extensive und intensive Intervallmethode. Als Inhalt der variablen Dauermethode dienen das Fahrtspiel, der Tempowechsellauf und der Hindernislauf (siehe Methoden des Ausdauertrainings, S. 55). Die extensive Intervallmethode soll die aerobe Kapazität fördern. Die intensive Intervallmethode soll dazu dienen, die anaerobe Fähigkeit mit submaximalen Intensitäten und Kurzzeitintervallen in dieser Altersstufe erstmalig zu entwickeln. Als Inhalte für die Intervallmethode können Hügelläufe, Tempowechselläufe oder Endlosstaffeln dienen. Auch in dieser Altersstufe ist es wichtig, durch abwechslungsreiche Trainingsinhalte die Motivation der Kinder zum Sporttreiben zu erhalten.

Möglichkeiten der Leistungskontrolle im Kindes- und Jugendalter

Auch für Kinder und Jugendliche existieren vielfältige Methoden, die Ausdauerleistungsfähigkeit durch modifizierte Testverfahren zu untersuchen. Das meist verwendete Testverfahren ist der so genannte Cooper-Test (S. 46). Der Test wird meist auf einer 400-Meter-Bahn durchgeführt und es lassen sich anhand einer in 12 Minuten zurückgelegten Strecke Rückschlüsse auf die Ausdauerleistungsfähigkeit der Probanden ziehen. Die Wertungstabellen sind alters- und leistungsabhängig, sodass die Einschätzung der vollbrachten Leistung im Vergleich zu anderen Probanden erleichtert wird. Der Cooper-Test wird meist bei Kindern und Jugendlichen im Alter von 11 bis 18 Jahren eingesetzt.
Um auch jüngere Kinder testen zu können, wurde der 8-Minuten-Lauf entwickelt. Hier wird auch über die zurückgelegte Strecke die Ausdauerleistungsfähigkeit beurteilt, jedoch besteht durch die kürzere Laufzeit eine geringere Monotoniegefahr und damit auch geringerer Gefahr für Einbußen in der Anstrengungsbereitschaft.

Einteilung der Leistungen nach zurückgelegter Strecke (m), 12 min Lauf

Kondition	Jahre									
	7	8	9	10	11	12	13	14	15	16
ausgezeichnet	2600	2650	2700	2750	2800	2850	2900	2950	3000	3050
sehr gut	2400	2450	2500	2550	2600	2650	2700	2750	2800	2850
gut	2000	2050	2100	2150	2200	2250	2300	2350	2400	2450
befriedigend	1600	1650	1700	1750	1800	1850	1900	1950	2000	2050
mangelhaft	1000	1050	1100	1150	1200	1250	1300	1350	1400	1450

Besonderheiten des Ausdauertrainings bei älteren Menschen

»Die Leistungsfähigkeit des Menschen nimmt nur deshalb so erheblich ab, weil er sich hat einreden lassen, dass sie abnehmen muss.« (*Mulford*)

Ab dem 65. Lebensjahr beginnt definitionsgemäß das Alter, jedoch spricht man medizinisch gesehen erst ab dem 70. Lebensjahr vom Senium. Die Lebenserwartung ist in den letzten Jahrzehnten in westlichen Ländern um viele Jahre gestiegen und somit auch der Wunsch, bis ins hohe Alter gesund und aktiv zu bleiben, um die Lebensqualität zu erhalten.

Durch körperliche Aktivität kann die Leistungsfähigkeit von älteren Menschen erhalten und verbessert werden, was sich nicht nur auf den Körper, sondern auch auf die mentalen Funktionen positiv auswirkt.

Die Physiologie des älteren Menschen weist einige Besonderheiten auf, die zunächst als Grundlage kurz erläutert werden sollen.

- Die körperliche Leistungsfähigkeit nimmt im Alter ab, was sich in der Abnahme der maximalen Sauerstoffaufnahme zeigt (siehe dazu S. 26)
- Im Alter kommt es zu einem Rückgang der maximal erreichbaren Herzfrequenz.
- Das erreichbare Herzminutenvolumen ist im Alter vermindert und liegt in Ruhe und unter körperlicher Belastung 1 bis 2 l/min unter dem jüngerer Menschen. Erklärt wird dies durch eine verringerte Herzfrequenz und ein vermindertes Schlagvolumen im Alter.

Ausdauersport fördert auch das psychische Wohlbefinden.

➤ Die Laktatbildung ist im Alter vermindert. Somit erreichen ältere Personen niedrigere maximale Laktatwerte als jüngere Menschen. Erklärt werden kann diese Tatsache durch eine Abnahme der weißen Muskelfasern und der damit herabgesetzten glykolytischen Kapazität.

➤ Zusammenfassend kann nun festgestellt werden, dass die körperliche Leistungsfähigkeit im Alter abnimmt, dass sie sich jedoch durch körperliche Aktivität zumindest teilweise erhalten lässt.

Methoden des Ausdauertrainings bei Menschen in höherem Lebensalter

Grundsätzlich unterscheiden sich Methoden des Ausdauertrainings für ältere Menschen im Wesentlichen nicht von denjenigen jüngerer Personen. Jedoch müssen im Alterssport eventuell vorliegende Erkrankungen besondere Berücksichtigung finden. Auch die eingeschränkte Leistungs- und Adaptationsfähigkeit bzw. verlängerte Regenerationszeiten müssen bedacht werden. Somit ergeben sich für die Praxis des Ausdauertrainings folgende Punkte, die beachtet werden sollen:

➤ Es sollte ein ärztliches »OK« zum Ausdauertraining gegeben werden (siehe S. 39).

➤ Es sollte auf gute Ausstattung geachtet werden. Vor allem die Sportschuhe (bei Läufern/innen) sollten heutigen Dämpfungsansprüchen entsprechen (siehe S. 121).

➤ Jeder Belastung sollte ein Aufwärmen vorausgehen, das aus Dehnungsübungen bestehen sollte, die Muskel- und Sehnenschäden vorbeugen können. Hier ist zu beachten, dass das Aufwärmen bei Älteren mehr Zeit erfordert als bei Jüngeren (siehe S. 71).

➤ Es sollte vor allem aerobes Ausdauertraining durchgeführt werden, da es aus der Sicht von Herz, Kreislauf, Atmung und Stoffwechsel und auch präventiv das effektivste Element darstellt.

➤ Der ältere Organismus sollte auf Grund der verminderten Adaptationsfähigkeit des Organismus nur noch in mittleren Belastungsintensitäten trainiert werden. Als Faustformel für die durchschnittliche Trainingsherzfrequenz kann 180 – Lebensalter in Jahren dienen. »Mäßig, aber regelmäßig« ist das Grundprinzip.

Dehnen ist ein wichtiger Bestandteil des Ausdauertrainings.

➤ Jedes Training sollte eine allmähliche Belastungssteigerung bezogen auf den Umfang und die Intensität aufweisen.

➤ Die Trainingsinhalte sollten Spaß machen und bei Durchführung eines Ausdauertrainings in Gruppen sollte der sozial-integrative Charakter im Vordergrund stehen.

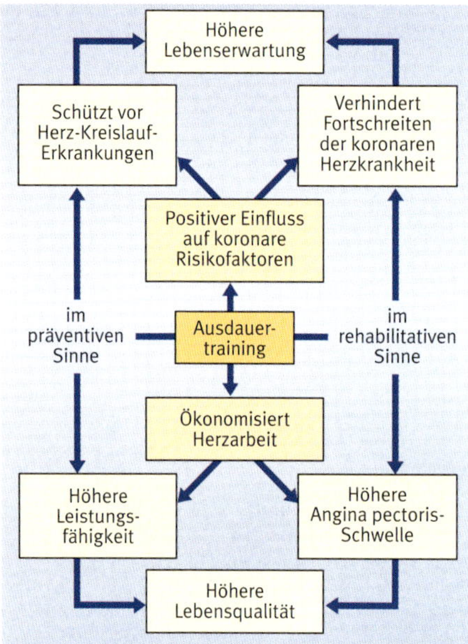

Wirkungen von Ausdauersport in höherem Lebensalter

Die Wirkungen eines Ausdauertrainings in höherem Lebensalter unterscheiden sich grundsätzlich nicht von den Wirkungen, die ein Ausdauertraining auch bei jüngeren Menschen erzielt. Jedoch gewinnen die Auswirkungen in Bezug auf altersbedingte Herz-Kreislauf-Erkrankungen zunehmend

Walking ist für ältere Menschen als Ausdauersportart sehr gut geeignet.

an Bedeutung. Zur Veranschaulichung der Wirkungen soll die Grafik links dienen.

Geeignete Sportarten

Für ältere Menschen sind vor allem Sportarten geeignet, die einen zyklischen Bewegungsablauf aufweisen. Dazu gehören Ausdauersportarten, wie Wandern, schnelles Gehen (Walking), langsamer Dauerlauf, Radfahren oder Schwimmen. Für entsprechend geübte und vorerfahrene Personen können auch Sportarten, wie Skilanglauf, Tennisspiel oder Rudern empfohlen werden.
Somit wird deutlich, dass das Alter keineswegs mit einer Einschränkung der körperlichen Aktivität einhergehen muss, sondern dass regelmäßig betriebener Ausdauersport auch bei Älteren zu einer Verbesserung des körperlichen und psychischen Befindens führt.

Besonderheiten des Ausdauertrainings bei Frauen

Frauen und Männer reagieren auf eine körperliche Belastung grundsätzlich in gleicher Weise. Trainingsanpassungen finden bei beiden Geschlechtern nach prinzipiell denselben Mustern statt. Allerdings bedingen die spezifischen anatomischen, physiologischen, psychologischen und insbesondere die hormonellen Besonderheiten der Frau spezifische sportmedizinische Probleme auf allen Ebenen des Frauensports: vom Kinder- bis hin zum Alterssport und vom Freizeit-, Breiten- und Gesundheitssport bis hin zum Hochleistungssport. Auf einige dieser Aspekte wird hier kurz eingegangen

Leistungsfähigkeit in Abhängigkeit vom Menstruationszyklus

Eine Reihe von wissenschaftlichen Untersuchungen ist der Frage nachgegangen, ob sich die Leistungsfähigkeit – und hier insbesondere auch die Ausdauerleistungsfähigkeit der Frau – in Abhängigkeit von der Phase des Menstruationszyklus verändert. Der Menstruationszyklus ist durch ausgeprägte Schwankungen der weiblichen Geschlechtshormone gekennzeichnet: In der ersten Zyklushälfte (Follikel-Phase) und insbesondere in der Phase um den Eisprung dominieren die Östrogene, in der zweiten Zyklushälfte (Gelbkörper- oder Luteal-Phase) dominieren die Gestagene (Gelbkörperhormone) neben den Östrogenen. Den Östrogenen wird eher eine aufbauende, anabole Wirkung zugeschrieben, was sie für die Frage der Leistungs- und Belastbarkeitsoptimierung besonders interessant macht. So sind systematische Untersuchungen aus der ehemaligen DDR bekannt, die leistungssteigernden Wirkungen der Östrogene durch Veränderungen der Zusammensetzung der im Leistungssport erlaubten – nicht unter die Doping-Bestimmungen fallenden – »Anti-Baby-Pille« zu nutzen. Meist wird davon ausgegangen, dass die frühe Follikelphase (Phase der Blutung) und die späte Lutealphase mit einer leichten Reduktion der Leistungsfähigkeit einhergehen. Die bisher durchgeführten Untersuchungen haben jedoch im Großen und Ganzen keine wesentliche Veränderung der Ausdauerleitungsfähigkeit der Frau, gemessen an der maximalen Sauerstoffaufnahmefähigkeit und der Bildung von Milchsäure (Laktat) unter Belastung nachweisen können. Dies schließt jedoch nicht aus, dass im Einzelfall die Leistungsfähigkeit nicht doch durchaus zyklusphasenabhängig in gewissem Maße schwankt. Das kann individuell sehr unterschiedlich ausgeprägt sein. Manche Sportlerin erlebt um den Eisprung herum subjektiv ihr Leistungsoptimum, eine andere fühlt sich direkt nach Beginn der Menstruation am besten belastbar. Welche Frau hat nicht an ihrem eigenen Körper bereits die psychologischen und körperlichen Schwankungen im Verlauf des Menstruationszyklus erlebt? Möglicherweise sind die eingesetzten Messverfahren nicht optimal gewählt, um die diffizilen Veränderungen bei einer großen interindividuellen Streubreite erfassen zu können. Während diskrete zyklusphasenabhängige Schwankungen der Leistungsfähigkeit bei Breitensportlerinnen keine wesentliche Bedeutung haben dürften, können sie im Leistungssport durchaus relevant sein.

So lange keine neueren Erkenntnisse vorliegen, sollte eine Frau sich auf ihr eigenes subjektives Gefühl verlassen und in Phasen, in denen sie sich nicht ganz so fit fühlt, durchaus das Training einmal reduzieren, bzw. in Phasen höherer Belastbarkeit auch mal »einen draufsetzen«.

Ausdauertraining und Wettkampf während der Menstruationsblutung

Entgegen früherer Auffassungen gibt es heute keine relevanten menstruationshygienischen Argumente mehr, das Training während der Menstruationsblutung zu unterbrechen. Mit den heute verfügbaren Tampons verschiedener Größen bestehen während der Blutung praktisch keine Hygieneprobleme mehr im Sport, außer dass viele Frauen ihre Regel als lästig empfinden. Eine Sportlerin sollte jedoch vielleicht während starker Blutungen nicht unbedingt ein ausgeprägtes Schwimmtraining oder lange Tauchgänge in südlichen, Hai-reichen Gewässern durchführen!

Im Einzelfall können durchaus starke Unterleibsschmerzen oder sehr starke Blutungen bestehen. In diesen Fällen sollte die Sportlerin selbst entscheiden, ob sie Lust auf das Training hat. Häufig reduzieren sich Unterleibsbeschwerden nach dem Training.

Ansonsten bleibt festzuhalten, dass olympische Goldmedaillen von Sportlerinnen in allen Zyklusphasen, auch während der Regelblutung gewonnen worden sind.

Störungen des Menstruationszyklus im Sport

Je nach Sportart leiden bis zu 50 Prozent der Sportlerinnen an Zyklusstörungen wie verspätete oder ausbleibende erste Blutung (Menarche), unregelmäßige Blutung, Zyklen ohne Eisprung, völliges Ausbleiben der Blutung etc. Die Ursachen für diese Störungen sind in ihren Einzelheiten noch unklar. In vielen Fällen führt jedoch eine kalorisch unzureichende Ernährung bei gleichzeitig erhöhtem Bedarf im Sport zu Energiesparmechanismen, die wiederum zu Zyklusstörungen führen. Das Risiko für die Entstehung von Zyklusstörungen ist in Ausdauersportarten besonders hoch, da die Sportlerinnen hier häufig ein niedriges Körpergewicht anstreben, gleichzeitig aber hohe Trainingsumfänge absolvieren. Die medizinischen Konsequenzen von Zyklusstörungen, die über längere Zeit bestehen, sind gravierend und betreffen vor allem das Skelettsystem. Hier kann es zu einer schleichenden Knochenentkalkung bis hin zur Entstehung einer klinisch relevanten Osteoporose mit einer erhöhten Neigung zu Stressfrakturen kommen. Daher sollten Zyklusstörungen im Sport sehr ernst genommen werden. Betroffene Sportlerinnen sollten auf eine ausreichende Nahrungsenergiezufuhr sowie insbesondere auch auf eine ausreichende Calcium-Zufuhr mit der Nahrung oder mit Zusatzpräparaten achten. Allgemein wird heute bei Zyklusstörungen im Sport eine Substitution mit Hormonpräparaten empfohlen

Orale Kontrazeptiva und Sport

Die meisten oralen Kontrazeptiva enthalten eine Kombination aus Östrogenen und Gestagenen. Sie können die Symptome eines prämenstruellen Syndroms, schmerzhafte sowie starke Regelblutungen günstig beeinflussen. Die Effekte auf verschiedene Leistungsparameter sind unklar. Grundsätzlich gelten die gleichen Zusammenhänge wie für die körpereigenen Hormone. Es gibt Hinweise, dass sich die Einnahme von sehr niedrig dosierten Präparaten möglicherweise ungünstig auf den Knochenstoffwechsel auswirkt. Ob sie auch negative Auswirkungen auf den Muskelaufbau haben, ist derzeit noch unklar. Falls jedoch der Zyklus in Zusammenhang mit hoher körperlicher Belastung und/oder zu niedriger Nahrungszufuhr gestört ist, wirken sie stabilisierend auf den Knochenstoffwechsel und sollten zur Vorbeugung einer Osteoporose eingenommen werden. Orale Kontrazeptiva mit einer androgenen Komponente stehen auf der Dopingliste und sind daher im Leistungssport verboten. Es gibt jedoch genügend gut verträgliche Präparate, die ausreichende empfängnisverhütende Effekte haben und deren Einnahme im Leistungssport erlaubt ist

Sport und Schwangerschaft

Eine Schwangerschaft stellt eine erhebliche Belastung für den weiblichen Organismus dar, ist aber keineswegs wie eine »Erkrankung« zu werten. Bei einer unkomplizierten Schwangerschaft ist Sport in »vernünftigem Rahmen« durchaus sinnvoll und empfehlenswert. Grundsätzlich besteht während einer Schwangerschaft ein erhöhter Bedarf an Mikro- und Makronährstoffen sowie an Sauerstoff, sodass beim Sport eine gewisse Konkurrenzsituation zwischen der belasteten Skelettmuskulatur und dem Kind entsteht. Dies ist bei der Wahl der körperlichen Aktivität sowie im Ernährungsverhalten zu berücksichtigen. Während einer Schwangerschaft sollten bevorzugt Sportarten mit aerober Belastung, also typischerweise Ausdauersportarten betrieben werden. Folgende allgemeine Empfehlungen gelten:

1. Fortsetzen der bisherigen sportlichen Aktivitäten beim Eintritt einer Schwangerschaft,

langsames Reduzieren bis zum 2. und 3. Schwangerschaftsdrittel,
2. ausreichende Kohlenhydratzufuhr,
3. körperliche Belastungen nur im aeroben und submaximalen Bereich,
4. hohe Körpertemperaturen bei Ausdauerbelastungen vermeiden,
5. Vermeiden von extremen Beschleunigungen des Körpers um seine Achsen,
6. Vermeiden von Sportverletzungen (Röntgenstrahlen!),
7. Tragen von sehr gutem Schuhwerk zur Vorbeugung von Überlastungen der gelockerten Bänder und Gelenke.

Ausdauersport nach den Wechseljahren

Die körperliche Leistungsfähigkeit der Frau nimmt, ebenso wie die des Mannes im Alter, nach den Wechseljahren ab. Dieser Prozess kann jedoch durch regelmäßige körperliche Aktivität verlangsamt werden. Die Trainierbarkeit der Ausdauer ist vom Menopausenstatus weitestgehend unabhängig. Körperlich aktive »ältere« Frauen zeigen ein geringeres atherogenes Profil ihres Fettstoffwechsels, sie haben ein geringeres Herzinfarktrisiko, ferner können auch psychische Symptome wie Ängste, Stress oder Depressionen günstig beeinflusst werden. Insbesondere hat Sport günstige Effekte auf den Knochenstoffwechsel und kann einer Osteoporose vorbeugen. Ausdauersport allein reicht hier allerdings nicht aus, es sollte vielmehr auch ein regelmäßiges Krafttrainingsprogramm (mit leichten Gewichten oder mit dem Gewicht des eigenen Körpers) durchgeführt werden. Um möglichst vielseitige positive Effekte zu erzielen, sollte ein gesundheitlich ausgerichtetes Sportprogramm vielseitig sein. Es sollte sowohl Ausdauerkomponenten enthalten als auch Kraft- und Flexibilitätskomponenten.

Nordic Walking als entspannende Ausdauersportart in der freien Natur

Ausdauer für verschiedene Sportarten

Ein sinnvolles und effektives Ausdauertraining sollte auf die persönlichen Bedürfnisse und Zielsetzungen jedes Einzelnen abgestimmt sein. So kann zum einen die Verbesserung der allgemeinen Fitness und Stabilisierung der Gesundheit ein Ziel sein oder zum anderen die Steigerung der sportartspezifischen Leistungsfähigkeit, wie z. B. die Entwicklung von technischen Fähigkeiten oder die Verbesserung der disziplinspezifischen Grundlagenausdauer. Die Entwicklung der allgemeinen Fitness ist durch ein allgemeines Grundlagenausdauertraining möglich, bei dem es nicht auf die ausgeübte Sportart ankommt. Die Umsetzung sportartspezifischer Ziele ist jedoch nur durch das Training der entsprechenden Disziplin und deren spezifischen Bewegungen zu erreichen. Die verschiedenen Ausdauerfähigkeiten, die im Kapitel Arten der Ausdauer (S. 11) dargestellt wurden, stellen unterschiedliche Anforderungen an die körperliche Leistungsfähigkeit, insbesondere an die limitierten Möglichkeiten des aeroben und anaeroben Energiestoffwechsels. Um das Ziel einer Steigerung der Ausdauerleistungsfähigkeit zu erreichen, müssen Trainingsinhalte und Methoden solcher Art gewählt werden, die den jeweiligen Anforderungen im Wettkampf oder der entsprechenden Disziplin nahe kommen. Besondere Berücksichtigung sollte dabei den sportartspezifischen Stoffwechselverhältnissen gewidmet werden. Im Training ist es deshalb notwendig, die entsprechende Form der Energie liefernden Prozesse zu trainieren. So sollte also ein/eine Marathonläufer/in hauptsächlich den aeroben Energiestoffwechsel trainieren, da dieser maßgeblich die Leistungsfähigkeit des Marathonläufers beeinflusst. Ein Training des anaeroben Stoffwechsels sollte zwar auch in kleinem Umfang Teil eines Marathontrainings sein, würde aber als Haupttrainingsinhalt keine Verbesserung der marathonspezifischen Ausdauerleistungsfähigkeit erzielen. Im Folgenden werden die unterschiedlichen Arten und Anforderungen an die Ausdauer in verschiedenen Sportarten dargestellt.

Laufen

Laufen hat sich in den letzten Jahren zu einer der führenden Volkssportarten entwickelt. Insbesondere die Zahl der Teilnehmer an Marathonveranstaltungen wächst stetig. Das Laufen gehört wohl mit zu den anspruchsvollsten Disziplinen in den Ausdauersportarten. In den leichtathletischen Laufdisziplinen ist die Zeitspanne der Ausdauerdisziplinen sehr variabel, so reichen Sie von der 400-Meter-Strecke bis hin zum Marathon. Bezogen auf die zeitliche Einteilung der Ausdauerarten bedeutet dies eine Spanne von der Kurzzeitausdauer bis zur Langzeitausdauer 3. Die Anforderung bei Disziplinen

wie 400-Meter- und 800-Meter-Lauf besteht in der Kurzzeitausdauer und somit in einer leistungsfähigen anaeroben Energiebereitstellung. Die Stoffwechsellage der Kurzzeitausdauer ist allerdings nicht ausschließlich anaerob, ca. 25 Prozent der Energie wird auch bei der Kurzzeitausdauer über den aeroben Energiestoffwechsel abgedeckt. Neben den Stoffwechselvorgängen ist beim 400-Meter- und 800-Meter-Lauf die Maximalkraftausdauer der Beinmuskulatur von Bedeutung, da durch die hohe Bewegungsgeschwindigkeit eine relativ große Muskelmasse beansprucht wird. Der Stützapparat sollte wegen der großen Krafteinwirkung über eine ausgeprägte submaximale Kraftausdauer verfügen.
Die Schnelligkeitsausdauer ist eine weitere zu beachtende Komponente, da die submaximale bis maximale Laufgeschwindigkeit möglichst lange aufrechterhalten werden sollte. Neben den aufgeführten physischen Aspekten ist der Laufstil und die Laufökonomie als Bestandteil der speziellen Ausdauer zu erwähnen. Diese ist zum Beispiel durch ein so genanntes Lauf ABC zu trainieren. Distanzen, wie beispielsweise der 3000-Meter-Lauf, entsprechen dem Anforderungsprofil der Mittelzeitausdauer. Die aerobe Energiebereitstellung nimmt dabei einen Anteil von bis zu 50 Prozent ein. Daraus wird ersichtlich, dass die spezifische Grundlagenausdauer auch bei kürzeren Distanzen ein leistungsbestimmender Faktor ist.
Bei Distanzen wie dem 3000-Meter-Lauf nimmt die Kraftausdauer der Bein- und Rumpfmuskulatur sowie die Schnelligkeitsausdauer für Tempovariationen eine wichtige Rolle ein. Das Training der Technik ist auch bei den so genannten Mittelstrecken empfehlenswert, da eine bessere Laufökonomie die Leistungsfähigkeit deutlich steigert. Die unter dem Aspekt der Ausdauer besonders interessanten Disziplinen sind der 10-Kilometer-Lauf sowie die weiteren Distanzen bis hin zum Marathon (42,195 km). Belastungszeiten von 30 Minuten und mehr entsprechen den Anforderungen der Langzeitausdauer. Bei allen drei Kategorien der Langzeitausdauer (1, 2, 3) sind die allgemeine wie auch die spezifische Grundlagenausdauer die bedeutendsten Komponenten der Ausdauerleistungsfähigkeit. Je länger die Belastung andauert, desto geringer wird der Anteil der anaeroben Energiebereitstellung (Kohlenhydrate/ energiereiche Phosphate) und dementsprechend größer die Bedeutung der aeroben Kapazitäten (Kohlenhydrat- und Fettverbrennung). Durch einen größtmöglichen Anteil an aerober Energiebereitstellung können die Ressourcen des anaeroben Stoffwechselsystems geschont werden und stehen für Tempowechsel zur Verfügung. Bei größeren Belastungsumfängen und Laufdistanzen wird die Laufgeschwindigkeit deutlich geringer, wodurch konditionelle Fähigkeiten wie die Maximalkraftausdauer nur einen kleineren Anteil an der gesamten Leistungsfähigkeit ausmachen. Neben der Grundlagenausdauer sind bei den Laufdistanzen im Langzeitausdauerbereich die spezielle Ausdauer zu erwähnen.

Joggen kann zu fast jeder Zeit an jedem Ort durchgeführt werden.

PUMA

Bei der speziellen Ausdauer werden alle Faktoren und Komponenten geschult, die dazu beitragen, die bestmögliche Laufgeschwindigkeit über die gesamte Ausführungszeit aufrechtzuerhalten.

Diese Faktoren sind beim Laufen neben der sportspezifischen aeroben und anaeroben Ausdauer z. B. Kraftausdauer in der Rumpf- und Stützmuskulatur, Schnelligkeitsausdauer für Tempowechsel im Wettkampf und den Schlusssprint sowie Lauftechnik und – nicht zu verachten – psychische Fertigkeiten, die vor allem bei Belastungsumfängen der Langzeitausdauerbereiche 2 und 3 von Bedeutung sind.

Radsport

Im Radsport zählen das Straßenradfahren und das Mountainbiken zu den zwei bekanntesten und wohl auch populärsten Disziplinen. Besonders im Breiten- und Hobbysport erfährt der Radsport eine stetig wachsende Anhängerschaft. Insbesondere Marathonveranstaltungen erleben bei Breitensportler/innen zunehmendes Interesse. Diese Entwicklung ist gleichermaßen beim Mountainbiken sowie beim Straßenradfahren zu beobachten. Die Wettkampfdistanzen liegen in der Regel bei 30 bis 200 km und entsprechen vom Zeitprofil der Langzeitausdauer 2 und 3. Durch den relativ hohen Belastungsumfang kommt den aeroben Kapazitäten die größte Bedeutung bei den Energie liefernden Prozessen zu. Im Bezug zur Ausdauer ist die spezifische Grundlagenausdauer beim Mountainbiken und dem Straßenradfahren die wichtigste Ausdauerfähigkeit. Die teilweise sehr langen Belastungszeiten lassen sich nur mit einer außerordentlich gut ausgeprägten spezifischen Grundlagenausdauer bewältigen. Als weitere bedeutende Ausdauerfähigkeit ist bei beiden Disziplinen die Kraftausdauer der Beinmuskulatur zu nennen. Die Kraftfähigkeiten des Oberkörpers und Rumpfes treten lediglich in Form von Haltearbeit in Erscheinung. Besonders beim Mountainbiken ist zur Bewältigung von langen und steilen Anstiegen eine gut ausgebildete Kraft gefordert, die teilweise auch über einen längeren Zeitraum aufrechterhalten werden muss. Neben physischen

Sportliche Aktivitäten sollten stets in das Alltagsleben integriert werden.

Gerade beim Mountainbiken spielt der Spaßfaktor eine große Rolle.

Anforderungen stellt der Radsport auch hohe Anforderungen an die spezifischen technischen Fähigkeiten, die als Bestandteil der speziellen Ausdauer trainiert werden. Insbesondere beim Mountainbiken werden Anforderungen an Fahrtechnik und Gleichgewicht gestellt. Beim Straßenradfahren bedürfen das Fahren in der Gruppe und das Steuern bei rasanten Abfahrten mit hohen Geschwindigkeiten besonderer Fähigkeiten. Die Schnelligkeitsausdauer ist bei beiden Disziplinen bei kurzen Antritten gefordert. Kurze maximale Belastungen werden beim Straßenrennsport zu taktischen Zwecken wie Ausreißversuchen vom Hauptfeld eingesetzt. Beim Mountainbiken werden kurzzeitige Tempowechsel meistens zur Bewältigung besonders schwieriger Hindernisse wie zum Beispiel kurzer steiler Anstiege benötigt.

Zusammenfassend lässt sich sagen, dass das Radfahren sich durch eine schonende Belastung für den Stütz- und Bewegungsapparat auszeichnet. Besonders für Sportler/innen mit orthopädischen Beschwerden ermöglicht das Radfahren große Belastungsumfänge mit dementsprechend positiven Effekten auf den allgemeinen Fitnesszustand.

Skilanglauf stellt ein optimales Ganzkörpertraining in wunderschöner Natur dar.

Skilanglauf

Die klassischen Wettkampfdistanzen im Skilanglauf sind 5 bis 30 Kilometer bei den Frauen und 10 bis 50 Kilometer bei den Herren. Dies gilt für beide Technikformen des Skilanglaufs – die klassische Technik (Diagonal- und Doppelstocktechnik) sowie die freie Technik (Skating). Die Wettkampfdauer der unterschiedlichen Distanzen entspricht der Langzeitausdauer 1 und 2. Auch beim Skilanglauf wird ein zunehmendes Interesse an Marathonveranstaltungen deutlich. Die Marathons im Skilanglauf gehen in der Regel über eine Distanz von 50 bis 90 Kilometer und entsprechen dem Anforderungsprofil der Langzeitausdauer 3. Skilanglauf zeichnet sich in seinen vielfältigen Anforderungen an die Ausdauerfähigkeiten aus. Bedingt durch das normalerweise stetig wechselnde Geländeprofil werden vielfältige Ausdauerfähigkeiten benötigt. Durch die teilweise große Belastungslänge ist die spezifische Grundlagenausdauer die wichtigste Ausdauerfähigkeit. Nur durch einen ausgezeichnet trainierten aeroben Energiestoffwechsel können die langen Distanzen im Skilanglauf mit gleichmäßig hoher Geschwindigkeit bestritten werden. Bei Anstiegen wird eine relativ große Muskelmasse eingesetzt, sodass eine ausreichend entwickelte Kraftausdauer gefordert ist. Neben der Bein- und Rumpfmuskulatur sind die Muskeln des Schultergürtels und der Arme die wesentlichen Arbeitsmuskeln.

Im Vergleich zum Laufen und dem Radsport wird beim Skilanglauf über die gesamte Belastungsdauer eine deutlich höhere Muskelmasse beansprucht, was eine entsprechend ausgebildete Kraftausdauer voraussetzt. Neben den Anstiegen sind die meisten Skilanglaufpisten mit Flachstücken und Abfahrten versehen. In den Flachstücken und besonders bei den Abfahrten ist eine schnelle Erholungsfähigkeit von Vorteil, welche durch eine gute Grundlagenausdauer erlangt wird. Mehr als bei den meisten anderen Ausdauersportarten spielt beim Skilanglauf die jeweilige Lauftechnik eine besondere Rolle. Durch die komplexen Anforderungen bekommt die Laufökonomie eine wichtige Bedeutung als Teil der speziellen Ausdauer. Eine effiziente Lauftechnik beeinflusst dabei in starkem Maß die gesamte Ausdauerleistungsfähigkeit im Skilanglauf.

Schwimmen

Das Schwimmen zeichnet sich bei den Wettkampfdistanzen durch vielfältige Disziplinen und Streckenlängen aus. Die Distanzen reichen von 50 Meter bis hin zu 1500 Meter. Es werden auch so genannte Langdistanzen bestritten, die bis zu 25 Kilometer betragen und in freien Gewässern durchgeführt werden. Die Wettkämpfe über die unterschiedlichen Strecken werden als jeweils separate Disziplin in den vier Schwimmtechniken

Schwimmen als gelenkschonende Ausdauersportart

Kraul, Brust, Rückenkraul und Delfintechnik oder auch in Kombination als so genanntes Lagenschwimmen bestritten. Auch beim Schwimmen können den unterschiedlichen Distanzen verschiedene Anforderungen an die Ausdauerleistungsfähigkeit zugeordnet werden. Die Kurzstrecken von 50 und 100 Meter entsprechen den Anforderungen der Kurzzeitausdauer. Es wird mit einer relativ hohen Geschwindigkeit geschwommen, die eine anaerobe und aerobe Energiebereitstellung voraussetzt. Die prozentuale Verteilung von der aeroben zur anaeroben Energiebereitstellung befindet sich ungefähr bei einem Verhältnis von 20 zu 80 Prozent. Die Streckenlänge von 400 Meter erfordert Ausdauerfähigkeiten der Mittelzeitausdauer. Durch die längere Belastung und geringere Geschwindigkeit steigt der Anteil des aeroben Energiestoffwechsels auf bis zu 50 Prozent an. Bei den Strecken von 50 bis 400 Meter hat auf Grund der relativ hohen Geschwindigkeit die Schnelligkeitsausdauer einen großen Anteil an der Ausdauerleistungsfähigkeit. Beim Training der Schnelligkeitsausdauer werden besonders die anaeroben Stoffwechselfähigkeiten verbessert, die speziell bei den kurzen Strecken die leistungsbestimmenden Faktoren sind. Schwimmstrecken von 1500 Meter und mehr werden als Disziplinen der Langzeitausdauer definiert. Bedingt durch die hohen Belastungsumfänge ist die aerobe Energiebereitstellung und somit die Grundlagenausdauerfähigkeit die wesentliche Ausdauerfähigkeit. Entsprechend nimmt die Bedeutung der Grundlagenausdauer bei den Langstreckendisziplinen zu. Bei Distanzen von 25 Kilometer, wird die Energie fast ausschließlich über aerobe Kapazitäten geliefert.

Die Schwimmtechnik ist im Freizeit- und im Leistungssport wichtig.

Bei allen Disziplinen des Schwimmens ist die Kraftausdauer eine wichtige Komponente der Leistungsfähigkeit. Beim Schwimmen wird eine relativ große Muskelmasse beansprucht, weil zu der Beinmuskulatur zusätzlich die gesamte Oberkörpermuskulatur eingesetzt wird. Da die Kraftfähigkeit einen wesentlichen Aspekt darstellt, wird das Krafttraining bei Leistungssportlern/innen sowohl im Wasser wie auch im Kraftraum durchgeführt. Beim Schwimmen ist eine weitere Ausdauerfähigkeit hervorzuheben: Die spezielle Ausdauer, die besonders die Optimierung der technischen Leistungsfähigkeit schult.

Der Schwimmtechnik wird auch auf Leistungssportniveau besonders viel Aufmerksamkeit gewidmet, da sie eine Komponente der Ausdauer darstellt, die sich wesentlich auf die Leistungsfähigkeit des Sportlers auswirkt. Da das Schwimmen äußerst schonend für das Stütz- und Bewegungssystem ist, können große Belastungsumfänge absolviert werden.

Triathlon

Der Triathlon ist eine Kombination aus Schwimmen, Radfahren und Laufen. Triathlon gilt auch als Synonym der Langzeitausdauer, da es Wettkampfdistanzen gibt, die über die Langzeitausdauer 3 hinausgehen. Die häufigsten Distanzen im Triathlonsport sind der Sprinttriathlon (ca. 500 m Schwimmen, 20 km Radfahren, 5 km Laufen); der Kurztriathlon (auch »olympische Distanz« genannt) über 1,5 km Schwimmen, 40 km Radfahren, 10 km Laufen; der Mitteltriathlon (2 bis 2,5 km Schwimmen, 80 bis 90 km Radfahren, 20 km Laufen) und der Langtriathlon (3,8 km Schwimmen, 180 km Radfahren, 42 km Laufen). Der wohl bekannteste internationale Triathlon wird als Langdistanzwettbewerb auf Hawaii ausgetragen. Da sich die einzelnen Teildisziplinen vom Kurztriathlon bis hin zum Langdistanztriathlon alle in den Kriterien der Langzeitausdauer 1 bis 3 befinden, erklärt dies die besondere Bedeutung der sportartspezifischen Grundlagenausdauer. Durch die drei aufeinander folgenden Langzeitausdauerbelastungen ergeben sich Belastungsumfänge bei Langdistanzwettbewerben von bis zu 10 Stunden und mehr,

Schwimmen ist die erste der drei Disziplinen im Triathlon.

wodurch die aerobe Energiebereitstellung die bedeutendste Ausdauerleistungsfähigkeit im Triathlonsport darstellt. Es darf allerdings nicht nur die außerordentliche Gesamtbelastungszeit, sondern es müssen auch die sportartspezifischen Anforderungen der Einzeldisziplinen im Anforderungsprofil der verschiedenen Triathlondistanzen berücksichtigt werden.

Das Anforderungsprofil des Triathlons darf nicht als Summe aus Schwimmen, Radfahren und Laufen gesehen werden. Durch das Ineinandergreifen von drei Disziplinen erfordert der Triathlon spezifische Fähigkeiten über die zum Beispiel Spezialisten der Einzeldisziplinen nicht verfügen. Der Triathlon sollte dementsprechend als eigenständige Disziplin in den Ausdauersportarten angesehen werden.

Da die spezifischen Ausdauerfähigkeiten von den Teildisziplinen Schwimmen, Radfahren und Laufen bereits dargestellt wurden, wird an dieser Stelle auf eine weitere Beschreibung der triathlonspezifischen Ausdauer verzichtet.

Walking/Nordic Walking

Walking und Nordic Walking haben sich in letzter Zeit zu etablierten Ausdauersportarten entwickelt. Das Walken ist auf Grund seiner moderaten Geschwindigkeit über einen langen Zeitbereich durchführbar und dementsprechend sind die Anforderungen

Walking – die optimale Ausdauersportart für Jung und Alt

der Langzeitausdauer dominant. Das Walking/Nordic Walking eignet sich besonders für Ausdauersportanfänger/innen und Personen, die aus gesundheitlichen Aspekten mit dem Ausdauersport beginnen. Beispielhaft sind Herz-Kreislauf-Patienten zu nennen. Walking/Nordic Walking zeichnet sich durch eine gute Belastungssteuerung aus. Insbesondere für Sportanfänger/innen stellt das Laufen eine zu hohe Anforderung dar. Durch die relativ langsame Geschwindigkeit ist beim Walken eine individuelle Belastungsanpassung leicht umzusetzen. Im Vergleich zum Laufen sind zudem die Belastungen auf den Bewegungsapparat deutlich geringer. Des Weiteren integriert Nordic Walking durch den Einsatz von Stöcken die Oberkörpermuskulatur und schult koordinative Fähigkeiten. Durch die relativ langsame Bewegungsgeschwindigkeit, die bis zu mehrere Stunden durchgeführt werden kann, werden beim Walking/ Nordic Walking hauptsächlich die aeroben Ausdauerfähigkeiten beansprucht. Die benötigte Energie wird vorrangig über den Fettstoffwechsel geliefert. Beim Nordic Walking werden bei einem starken Stockeinsatz zudem die Kraftausdauer und die Koordination der Oberkörpermuskulatur beansprucht bzw. trainiert.

Durch die beschriebenen Anforderungen eignet sich das Walking/Nordic Walking auch besonders für Senioren/innen, für die sich bei dieser Sportart eine Möglichkeit bietet, auch im hohen Alter moderaten Ausdauersport zu betreiben.

Mannschafts-/Spielsport

Exemplarisch für die Komponenten der Ausdauerleistungsfähigkeiten von Mannschafts- und Spielsportarten werden die Anforderungen an die Ausdauer im Fußball beschrieben. Wie der Name schon sagt bezeichnet die Spielausdauer (siehe Arten der Ausdauer, S. 11) die wesentlichen Merkmale der Ausdauerfähigkeiten im Fußball. Kennzeichnend sind die kurzen maximalen Belastungsintensitäten in Form von kurzen Sprints und Antritten, die sich mit größeren Abschnitten relativ geringer Intensitäten (z. B. langsamer Lauf) abwechseln. Beide dargestellten Belastungsformen treten im ständigen Wechsel während der gesamten Spieldauer von

Spielsportarten schulen in vielfältiger Weise die Ausdauerleistungsfähigkeit.

90 Minuten auf und kennzeichnen die variable Belastungsintensität im Rahmen der Gesamtaktivität. Die kurzen Sprints sind von der zeitlichen Belastung her der Kurzzeitausdauer zuzuordnen. Die maximale Laufgeschwindigkeit benötigt ausgeprägte anaerobe Kapazitäten des Energiestoffwechsels sowie Fähigkeiten in der Maximalkraftausdauer hauptsächlich der Beinmuskulatur. Eine gut entwickelte Schnelligkeitsausdauer wird bei den Sprintbelastungen gefordert. Besonders bei längeren Antritten ist ein möglichst geringer Geschwindigkeitsverlust besonders wichtig. Bei den sich wiederholenden Sprintbelastungen über die gesamte Spieldauer sollte der Leistungsabfall möglichst gering sein. Auch die allgemeine Grundlagenausdauer ist bei der Spielausdauer von Bedeutung, da sie zum einen die Regenerationsfähigkeit in den Abschnitten mit geringer Belastung beschleunigt und zum anderen eine allgemein hohe Bewegungsgeschwindigkeit während des Spiels ermöglicht. Bei den für den Fußballsport spezifischen Anforderungen sind vor allem auch die technischen und taktischen Fähigkeiten leistungsbestimmende Faktoren.

Zusammenfassend kann man sagen, dass in der Spielausdauer fast alle Formen der Ausdauerleistungsfähikeit vertreten sind. Dadurch ergibt sich aus der Kombination von aerober und anaerober Energiebereitstellung, Komponenten der Kraft- und Schnelligkeitsausdauer und technisch/taktischer Fertigkeiten ein umfassendes Ausdauerbelastungsprofil von Mannschafts- und Spielsportarten.

Rückschlagspielsportarten

Stellvertretend für die Anforderungen an die Ausdauerleistungsfähigkeiten bei Rückschlagspielsportarten werden die Anforderungen an die Ausdauer im Tennis beschrieben. Wie bereits bei den Mannschaftssportarten beschrieben zeichnet sich Tennis durch vielfältige Anforderungen aus. Die wesentlichen Ausdauerfähigkeiten beziehen sich auf die Kurzzeitausdauer und somit auf die anaeroben Kapazitäten. Die Ballwechsel dauern in der Regel weniger als 1 Minute, wobei die Hauptbeanspruchung bei kurzen Antritten liegt. Insbesondere die kurze, maximale Bewegungsgeschwindigkeit an der Grundlinie und hin zum Netz erfordern eine ausgezeichnete Schnelligkeitsausdauer. Da die kurzen maximalen Belastungen sich mit Phasen relativer Erholung abwechseln, ist auch die Grundlagenausdauer eine nicht zu unterschätzende Ausdauerfähigkeit im Tennissport. Eine gute Grundlagenausdauer ist zum einen die Voraussetzung dafür, ein langes Tennisspiel mit möglichst geringem Leistungsverlust zu überstehen und zum anderen ist die Grundlagenausdauer ein wichtiger Faktor für die Erholungsfähigkeit zwischen den Ballwechseln. Da Tennisspiele manchmal über einen Zeitraum von mehreren Stunden gehen, ist für die kurzzeitigen maximalen Belastungen die Kraftausdauer der Beinmuskulatur sowie über die gesamte Spieldauer die Arbeitsmuskulatur der Schlagbewegung, also die Arm- und Schultermuskulatur von Bedeutung. Neben den beschriebenen physischen Anforderungen sind beim Tennis die technischen Fertigkeiten von entscheidender Bedeutung. Schlag-

Tennis zeichnet sich durch vielfältige Anforderungen an die Ausdauerleistungsfähigkeit aus.

technik, Bewegungsökonomie, Ballgefühl und taktische Qualitäten sind exemplarisch einige Inhalte der speziellen Ausdauerschulung. Anhand der Beispiele wird auch im Tennis deutlich, dass die Ausdauerleistungsfähigkeit von einer Vielzahl von Komponenten und Faktoren beeinflusst wird und diese im Trainingsprozess berücksichtigt werden müssen.

Kampfsport

Der Kampfsport ist nicht den klassischen Ausdauersportarten zuzuordnen. Dennoch enthalten auch die Kampfsportarten viele Elemente der Ausdauer. Für die verschiedenen Kampfsportarten lässt sich keine allgemein gültige Charakteristik finden, da es unzählige verschiedene Facetten gibt.

Kampfsport kann als reines **Techniktraining** (Gurtprüfungen), als **Formenwettkampf** (Kata), als **Wettkampf** gegen einen Gegner (von Leichtkontakt bis Vollkontakt) oder als Mischform praktiziert werden. Weiterhin kann unterschieden werden in Auseinandersetzungen im Stand (Boxen, Karate, Taekwondo u. a.) und in solche, die im Stand und am Boden (Ringen, Judo, Ju-Jutsu u. a.) ausgetragen werden. Ferner kann differenziert werden in Kampfstile, die nur Schlag- und Tritttechniken, in solche, die nur Wurf- und Bodentechniken oder in solche, die alle Elemente vereinen.

Es werden ganz andere Ausdauerformen benötigt, wenn Sie einen Gegner im Haltegriff über eine Zeitspanne hinweg am Boden halten (Kraftausdauer) oder wenn Sie schnell und präzise Tritte und Schläge platzieren müssen (Schnelligkeitsausdauer). Demgemäß muss sowohl der/die Sportler/in als auch der/die Trainer/in das Ausdauertraining an die spezifischen Anforderungen der einzelnen Kampfsportart anpassen.

Doch allen Kampfsportarten und auch der Selbstverteidigung ist eines gemeinsam: Die erlernten technischen Fähigkeiten können nur dann zum Tragen kommen, wenn eine ausreichend ausgebildete Grundlagenausdauer eine Ermüdung und damit einen frühzeitigen Belastungsabbruch hinauszögert oder verhindert. Zudem spielen die Faktoren Konzentration, Taktik und emotionale Stabilität, die ihrerseits ebenfalls stark von dem

Kraft- und Schnelligkeitsausdauer sind bedeutsam für Karate im Stand

Die einzelnen Kampfsportarten und ihre Anforderungen an unterschiedliche Ausdauerarten

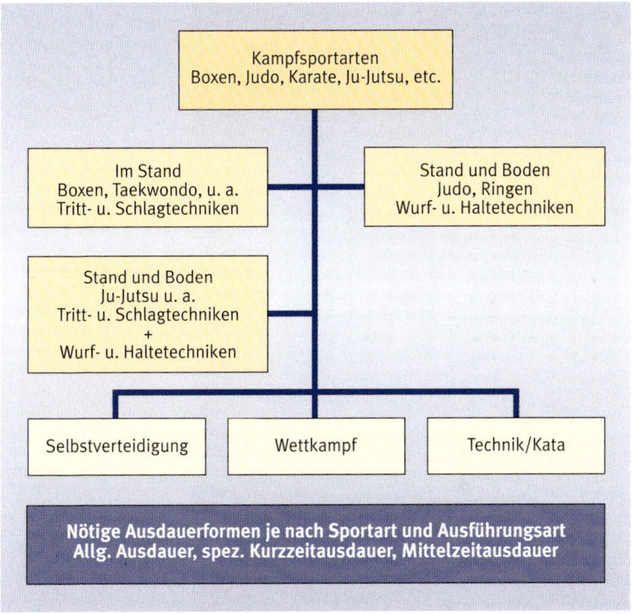

Ausdauervermögen des/der Sportlers/in abhängen, entscheidende Rollen. Erst auf der Basis einer stabilen allgemeinen Grundlagenausdauer können spezielle Ausdauerformen, angepasst an das jeweilige Belastungsprofil, aufgebaut werden.
Eine gute aerobe Leistungsfähigkeit ist zudem wichtig für die Regeneration, nicht nur nach einer Trainingseinheit oder einem Kampf, sondern auch in den für Kampfsportarten typischen Pausen (Rundenpausen). In der Regel sind diese recht kurz. Verfügt der/die Sportler/in über keine solide Grundlagenausdauer, so wird er in der Pause nicht ausreichend regenerieren und zum Beispiel mit einer deutlichen Übersäuerung oder mit einem noch hohen Puls in die nächste Kampfrunde oder den nächsten Kampf gehen. Dies drückt sich dann in einem schlechten Reaktionsvermögen, mangelnder Effektivität und »unsauberen« Technikausführungen aus.
Daher empfehlen wir jedem/jeder Kampfsportler/in, eine oder im Wechsel mehrere klassische Ausdauerdisziplinen zu wählen, die seine allgemeine Grundlagenausdauer auf ein ausreichend hohes Niveau bringen und diese nach den in diesem Buch erwähnten Prinzipien zu trainieren.

Inlineskating

Inlineskating erfährt in den letzten Jahren, ähnlich wie der Marathonlauf, eine wachsende Popularität. Insbesondere im Rahmen von Marathonveranstaltungen werden Inlineskating-Wettbewerbe über die Distanz von 42,195 km ausgetragen. An den wachsenden Teilnehmerzahlen dieser Wettbewerbe wird deutlich, dass sich das Inlineskating in letzter Zeit zu einer Volkssportart entwickelt hat. In der Regel bewegen sich die Belastungszeiten beim Inlineskating deutlich über 30 Minuten und werden demnach der Langzeitausdauer zugeordnet. Besonders Belastungen über die Marathondistanz bedingen ausgeprägte Anforderungen an die allgemeine und spezifische Grundlagenausdauer. Durch die relativ hohe Belastungs- und Wettkampf-

Mit kompletter Schutzausrüstung ist der Spaß garantiert.

dauer hat die aerobe Kapazität eine wesentliche Bedeutung in der Energiebereitstellung. Jedoch dürfen die anaeroben Energie liefernden Systeme beim Inlineskating nicht unterschätzt werden.
Besonders im Leistungssportbereich spielen taktische Fähigkeiten eine große Rolle, d. h., es muss die Fähigkeit für kurze, intensive Tempowechsel gegeben sein. Diese kurzzeitigen Belastungssteigerungen bedingen eine relativ gut entwickelte anaerobe Energiebereitstellung. Besonders für Breiten- und Gesundheitssportler/innen liegen jedoch die wesentlichen Anforderungen im Grundlagenausdauerbereich.

Im Vergleich zum Laufen treten beim Inlineskating deutlich geringere Gelenkbelastungen auf. Hinzu kommt eine gute Belastungsdosierung gerade auch im niedrigen Intensitätsbereich bei langsamen Geschwindigkeiten. Daher stellt diese Sportart besonders für Übergewichtige oder ältere Personen eine gute Alternative zum Laufen dar. Allerdings treten gerade bei schnelleren Geschwindigkeiten, bei denen der Oberkörper zur Reduktion des Windwiderstandes stark nach vorne gebeugt wird, recht hohe muskuläre Belastungen für die Haltemuskulatur des Rückens und des Rumpfes auf. Daher gehören ein entsprechendes gezieltes Kräftigungstraining und Stretching selbstverständlich zum Trainingsprogramm.
Inlineskating zeichnet sich neben den beschriebenen Anforderungen an den Energiestoffwechsel auch durch eine hohe Bewegungsdynamik und eine große Anforderung an die Koordination und Fahrtechnik aus. Viele Freizeitsportler/innen beherrschen zwar Techniken zur Vorwärtsbewegung, jedoch Bremstechniken nur unzureichend. Da ferner häufig keine oder nur eine unvollständige Schutzausrüstung getragen wird, erklärt sich das nicht unerhebliche Verletzungsrisiko beim Inlineskating.

Beim Inlineskating sollte immer die komplette Schutzausrüstung, bestehend aus Helm, Handgelenk-, Ellbogen- und Knieschonern getragen werden.

Trotz der erwähnten Risiken stellt das Inlineskating eine interessante Alternative zu anderen Ausdauersportarten dar.

Tipps für Einsteiger und Fortgeschrittene

An dieser Stelle soll Ausdauersportanfänger/innen eine Hilfestellung geboten werden, um ihr Training richtig zu planen, zu steuern und durchzuführen. Mit den unten erläuterten Punkten soll der Einstieg erleichtert werden.

Vorüberlegungen

Bevor Sie mit dem Training beginnen, überlegen Sie sich, welche **Ziele** Sie eigentlich verfolgen. Denn davon hängt vieles ab: Die Art des Trainings, zum Beispiel der Trainingsumfang und die Trainingsintensität, werden dadurch beeinflusst, ob Sie in vier Monaten einen großen Wettkampf bestreiten oder ob Sie zum Ausgleich für Ihre Bürotätigkeit ein wenig Walken oder Radfahren wollen.
Mit welcher **Sportart** wollen Sie Ihr Ziel erreichen? Vielleicht haben Sie eine Sportart vor Jahren sehr gerne betrieben und möchten wieder an diese Zeit anschließen.

Joggen und Radfahren lassen sich auch gemeinsam durchführen.

Oder möchten Sie im Gegenteil mal etwas anderes probieren. Vielleicht soll es ja auch eine Kombination aus mehreren Sportarten sein oder ein ergänzendes Ausdauertraining zu Ihrer Hauptsportart.

Welche Möglichkeiten haben Sie für Ihre Sportart?

Haben Sie noch vorhandene Sportgeräte, die Sie nutzen können? Wie ist die Landschaft in der Umgebung Ihres Wohnortes? Gibt es Vereine oder Gruppen, denen Sie sich anschließen könnten? Möchten Sie in der Natur trainieren oder lieber zu Hause oder im Fitness-Studio?
Überschlagen Sie in Gedanken den **finanziellen Aufwand,** den die jeweilige Sportart mit sich bringt (siehe S. 120). Sind Sie bereit, diese Kosten auf sich zu nehmen? Das sollten Sie sich deshalb vorher überlegen, weil Sport mit schlechter Ausrüstung das Erreichen des Ziels erschweren und den Spaß verderben kann. Das bedeutet natürlich nicht, dass Sie, nur weil Sie mal eine Sportart ausprobieren möchten, den gesamten Sportartikelmarkt leer kaufen sollen.
Wägen Sie ab, wie viel **Zeit** Sie gerne investieren möchten und wie viel Zeit Ihnen realistisch zur Verfügung steht. Seien Sie dabei nicht zu optimistisch, aber bedenken Sie, dass ein gewisser zeitlicher Aufwand nötig ist, um Trainingseffekte zu erreichen. Außerdem soll das Vorhaben nicht im Stress enden. Wenn Sie diese Punkte für sich klären konnten, dann ist es nun Zeit, sich vor dem Sport über die Gesundheit Gedanken zu machen. Suchen Sie Ihren **Hausarzt** auf und erklären Sie ihm Ihr Anliegen. Diskutieren Sie mit ihm Möglichkeiten, Grenzen, Gefahren und Nutzen Ihrer zukünftigen sportlichen Karriere. Dabei sollten vor allem internistische und orthopädische Gesichtspunkte erörtert werden.

Sollten Sie **über 35 Jahre** alt sein, empfiehlt sich eine internistische Untersuchung. Dazu gehören: Blutdruckmessung, Ruhe-EKG, Analyse von Blutwerten, Ultraschalluntersuchung des Herzens und ein Belastungs-EKG ebenfalls mit Blutdruckmessung.

Welche diagnostischen Mittel Ihr Arzt letztendlich einsetzen möchte, liegt in seiner Entscheidung. Sollten sich medizinische Bedenken ergeben, beraten Sie sich mit Ihrem Arzt, einem Sportmediziner oder einem Sporttherapeuten.

Training

Sie sind kerngesund? Gratulation! Dann sollten Sie sich Gedanken über die Art der **Trainingssteuerung bzw. Leistungsdiagnostik** machen. Hier gibt es viele Möglichkeiten von der komplexen Leistungsdiagnostik bis hin zur Herzfrequenzformel. Dazu gehört auch, sich zu informieren, wie man die gemessenen Werte sinnvoll für die Trainingsplanung einsetzt (siehe S. 84).

Wie wollen Sie Ihr Training steuern?

Über die Herzfrequenz, über die zurückgelegte Strecke (Leistung), über die Zeit, über die Atmung usw. Angemessene Hilfsmittel kommen hier zum Einsatz: Pulsuhr, Schritt-

zähler, Stoppuhr etc. Die Streckenabmessung kann mit Fahrrad und Tachometer oder mit dem Auto erfolgen.
Schreiben Sie einen **Trainingsplan** für die nächsten 3 bis 4 Wochen und nehmen Sie sich fest vor, diesen Terminen die angemessene Priorität zu geben. Haben Sie dabei Folgendes im Hinterkopf: Der Trainingsplan kann auch **Regenerationsplan** genannt werden, denn die Platzierung der Erholungsphasen ist ebenso wichtig wie die der Trainingseinheiten.

Gestalten Sie Ihren Trainingsplan so, dass Sie das absolvierte Training übersichtlich dokumentieren können. Eine **Trainingsdokumentation** hilft bei der Optimierung der Planung. Dabei empfiehlt es sich, folgende Punkte zu berücksichtigen:

- Belastungsart,
- Belastungsdauer,
- Trainingsdistanz,
- Ruheherzfrequenz (1-mal pro Woche,
- durchschnittliche Belastungsherzfrequenz,

Beispiel eines Trainingsplans mit Dokumentation

Trainingsplan für Frank M., geb.: 5.9.1955, Gewicht: 88 kg, Größe: 179 cm; Ziele: Allgemeines Wohlbefinden, Steigerung der Leistungsfähigkeit, Gewichtsreduktion; Kalenderwoche: 19

Trainingsplan (Vorgabe)					Trainingsdokumentation (tatsächliches Training)					
Tag	**Datum**	**Umfang (min)**	**Intensität**	**Inhalt**	**Umfang (min)**	**Intensität**	**Inhalt**	**THF (Schläge/min)**	**Befinden**	**Bedingungen/Bemerkung**
Mo	3.5.	60	DM ext.	gleichmäßig laufen	65	ext.	Laufen	125 Durchschnitt	locker	leichter Regen, angenehm
Di	4.5.	30	Puls 100	Schwimmen	45	locker	Kraulen, Rückenkraul	95 Durchschnitt	erst müde, dann fit	
Mi	5.5.			Ruhetag	20	in Eile	mit Rad zur Arbeit	???	stressig	sonnig, kühl
Do	6.5.	45	DM ext.	Lauf-ABC	30		Lauf-ABC		lustlos	fiel schwer
Fr	7.5.			Ruhetag						
Sa	8.5.	90	DM ext.	gleichmäßig laufen	100	ext.	Laufen	130	sehr gut	perfektes Wetter, mild
So	9.5.	???	wechselnd	Radwandern mit der Familie	90		Spaziergang	???	gut	Regen

Ruhe HF: 60 Gewicht: 88 kg

- persönliches Befinden,
- Umgebungsbedingungen (Wetter, Temperatur, Gelände, ...),
- Körpergewicht (1-mal pro Woche).

Sport mit Freunden oder in einer Gruppe bringt Spaß, fördert die Motivation und bewirkt, dass man Trainingseinheiten selten aus Bequemlichkeit ausfallen lässt. Menschen, die wenig soziale Bindungen haben oder beruflich sehr eingespannt sind, werden in einer guten Gruppe einen gesunden und motivierenden Ausgleich finden. Vereine oder Interessengemeinschaften sind sicher in der näheren Umgebung zu finden. Sollte dies nicht der Fall sein, dann sollten Sie die Initiative ergreifen und Menschen Ihrer Umgebung zur gemeinsamen sportlichen Aktivität bewegen.

TIPP:

Eine gute Ausdauersportgruppe erkennen Sie daran, dass sie das Training nicht nach den Leistungsstärksten orientiert, sondern nach den Schwächsten bzw. auf die verschiedenen Leistungsniveaus eingeht. Handelt es sich um eine große Gruppe, so ist es sinnvoll, verschiedene Teilgruppen mit unterschiedlichem Leistungsniveau zu bilden, sodass weder Unter- noch Überforderung eintritt. Außerdem sollten verschiedene Inhalte das Gruppentraining abwechselungsreich gestalten. Außer dem reinen Ausdauertraining könnten Technikschulung, Ausgleichssport oder sogar ein wenig Theorie Inhalt der Treffen sein.

Allerdings hat das Gruppentraining auch Nachteile: Zielorientierter Ausdauersport basiert auf einer genauen individuellen Trainingssteuerung, bei der Trainingsdauer und Trainingsintensität genau vorgegeben sind. In der Gruppe muss man sich einander anpassen und das lässt in der Regel keine allzu genaue Trainingsgestaltung zu.

Ausrüstung

Haben Sie sich für eine Sportart entschieden, dann sollten Sie sich mit einer guten **Ausrüstung** ausstatten. Dabei können Tipps von Freunden und Bekannten, die bereits Erfahrung gesammelt haben, hilfreich sein. Allerdings ist die Sportindustrie sehr bemüht, die Kundschaft fachlich gut zu beraten und in der Regel trifft man auch auf Verkäufer, die selbst aktive Sportler sind und einen verwirrten Kunden sicher durch den Artikeldschungel führen. Einige Hersteller bieten dem Kunden ein großzügiges Rückgaberecht an. Besonders Artikel, die Einfluss auf Ihre Körperhaltung haben (z. B. Schuhe) und orthopädische Probleme hervorrufen können, sollten sorgfältig, bestenfalls nach einer kurzen Probezeit, ausgewählt werden. Haben Sie keine Scheu, dem Verkäufer auf den Zahn zu fühlen – es geht schließlich um Ihre Gesundheit!
Wenn Sie Ihr Training aus beruflichen Gründen oder aus Vorliebe in den Abendstunden absolvieren wollen und dabei trotz Dunkelheit dennoch im Freien sein möchten, sollten Sie unbedingt auf Ihre **Sicherheit** achten. Dabei gilt der Leitsatz aus dem Straßenverkehr: **Sehen und gesehen werden!** Sportkleidungen mit lichtreflektieren-

den Eigenschaften, die es verhindern, dass Sie übersehen werden, sind im Fachhandel erhältlich. Ebenso sind leistungsstarke Lampen wichtig, damit Ihre Trainingseinheit nicht durch ein Schlagloch auf der Trainingsstrecke beendet wird.
Für einige Ausdauersportarten wie zum Beispiel Inlineskating oder Radfahren sind spezifische Protektoren, also **Schutzkleidung** notwendig. Besonders bei Kindern sollte darauf geachtet werden. Vernachlässigen Sie diesen Punkt nicht auf Kosten Ihrer Gesundheit! Informieren Sie sich beim Fachhändler.
Es gibt kaum Schöneres, als das Training bei Wind und Wetter durchzuführen. Eine Tour durch einen kühlen Frühlingsregen oder durch frisch fallenden Schnee ist nicht nur gut für das Immunsystem, sondern tut auch der Seele gut. Allerdings müssen Sie entsprechende Kleidung tragen, um aus dem schönen Erlebnis nicht einen Krankheitsverursacher zu machen. Auch hier bieten viele Händler unterschiedliche Funktionskleidungen an. Vielleicht haben Sie bereits alles zu Hause und können sich selbst ausrüsten.

Bedenken Sie dabei folgende Punkte: Die Kleidung sollte angenehm zu tragen sein und Sie bei der Ausübung Ihres Trainings nicht behindern. Andererseits sollte sie so beschaffen sein, dass Ihre Körpertemperatur gut geregelt wird. Weder eine Überhitzung noch eine Auskühlung durch verschwitzte Kleidung sollte in Kauf genommen werden.

Das Tragen der kompletten Schutzausrüstung reduziert das Verletzungsrisiko beim Inlineskaten.

Schuhe

Auch wenn den Füßen zu wenig Beachtung geschenkt wird, so gibt es kaum Ausdauersportarten, die die Füße nicht in Anspruch nehmen. Daher sollte der Pflege, dem Schutz der Füße und ihrer Unversehrtheit besondere Aufmerksamkeit gewidmet werden. Füße sind buchstäblich unsere Basis und ist diese in einem schlechten Zustand, so wird das automatisch Auswirkungen auf das gesamte Gebilde, also den ganzen Körper haben.
Die Funktion des Fußes kann verglichen werden mit dem Stoßdämpfer eines Autos. Zusammen mit der Beinmuskulatur kommt dem Fuß die Aufgabe zu, Kraftimpulse, die von unten in den gesamten Körper und besonders in die Gelenke und die Wirbelsäule fließen, zu minimieren. Deshalb verfügt der Fuß über ein Gewölbe, welches bedingt flexibel und federnd ist. Diese Funktion wird durch das Zusammenspiel von Knochen, Muskeln und Bändern ermöglicht.
Das richtige Schuhwerk spielt bei der Unterstützung dieser Funktionen eine wichtige Rolle. Schuhe sollten nicht nur in ihrer Verarbeitung und Qualität gut sein, sondern auch angepasst an die jeweilige Sportart.

Schlechtes Schuhwerk kann nicht nur akut Sportunfälle und Verletzungen begünstigen und verursachen, sondern auch zu chronischen Beschwerden durch Fehlbelastungen und somit zu Überbeanspruchung führen. Obwohl dieses Thema von der Wissenschaft ausführlich behandelt wird, ist es schwer, sich in dem riesigen Wald von Produkten, Fachbezeichnungen, Sonderfunktionen und Versprechen der Hersteller zurechtzufinden. Deshalb sollen hier die wichtigsten Eckpunkte für die Wahl eines Sportschuhs aufgeführt werden.

Bitte beachten Sie, dass die folgenden Punkte immer vor dem Hintergrund der jeweiligen Sportart betrachtet werden müssen. Jeder Sport verfügt über ein anderes Bewegungsmuster und somit auch über eine andere Fußbeanspruchung. Zudem kann kein Patentrezept für den richtigen Schuh gegeben werden, da es keines gibt. Viele Faktoren spielen bei der Statik des Fußes und des Beines eine Rolle. Dies wird besonders dann deutlich, wenn man sieht, dass Sportler/innen mit augenscheinlich »krummen« Beinen und »unrundem« Gang große Distanzen zurücklegen und keinerlei Probleme orthopädischer Art aufweisen. Andere, scheinbar »rund laufende« Sportler/innen hingegen können bereits von mehreren Operationen zum Beispiel im Kniegelenk berichten. Der richtige Schuh muss demnach individuell sein.

Folgende Tipps sollen helfen, die Suche nach dem optimalen Schuh zu erleichtern:

- Der Schuh sollte bequem sein.
- Er darf nicht scheuern, weder am Fuß noch an Knöcheln und Achillessehne.
- Der Fuß sollte gestützt, aber nicht in seiner Bewegung behindert werden.

Laufschuhe gibt es für jeden Fußtyp und jedes Beanspruchungsprofil.

- Der Fuß darf im Schuh nicht rutschen, insbesondere nicht bei Abbremsbewegungen (Verletzungsgefahr!), aber er darf auch nicht so eingespannt werden, dass keine Blutzufuhr mehr möglich ist.
- Die natürliche Bewegung soll unterstützt und Fehlbewegungen sollen vermieden werden.
- Orthopädische Fehlstellungen und bestehende Beschwerden müssen bei der Auswahl des Schuhs beachtet werden. Dabei kann der alte Schuh mit den Abnutzungsspuren sehr hilfreich sein.
- Fehlstellungen des Fußes dürfen nicht übertrieben korrigiert werden.
- Eine ausreichende Dämpfung durch die Sohle sollte gewährleistet sein. Dabei sind die Art des Sports (typische Bewegungen), das Körpergewicht und die Weise, wie der Fuß auf den Boden aufgesetzt wird (Fersen-, Mittelfuß- oder Vorderfußbelastung) besonders zu beachten.

➤ Die Dämpfung darf nicht übertrieben weich sein, denn daraus resultieren Instabilität und Fehlbelastungen.

➤ Der Schuh darf die Bewegung nicht blocken, darf aber auch nicht uneingeschränkt rutschen. Besonders wichtig ist dies bei Spielsportarten.

➤ Das Profil muss entsprechend des Geländes, des Untergrundes und der Sportart ausgesucht werden.

Hilfe bei der Auswahl

➤ Nutzen Sie die Verschleißerscheinung Ihrer **alten Schuhe**, um typische Merkmale Ihrer Bewegung zu erkennen. Nehmen Sie diese Schuhe mit, wenn Sie sich beim Händler beraten lassen wollen.

➤ Bei Beschwerden sollten Sie einen Orthopäden aufsuchen und sich Tipps geben lassen. Ggf. sind spezielle **Sporteinlagen** notwendig, die in den Sportschuh eingepasst werden sollten.

➤ Bewegungsanalysen beim Händler zum Beispiel auf dem Laufband können hilfreich sein. **Vorsicht:** Die üblichen Laufbandanalysen verlieren ihre Aussagekraft, wenn Sie Schwierigkeiten haben, sich auf dem Laufband natürlich zu bewegen. Ohne Übung und Erfahrung ist das durchaus möglich. Dadurch verändert sich das Laufverhalten und entspricht nicht der üblichen Bewegung. Das kann zu Fehleinschätzungen führen. Daher sind praxisnahe Bewegungsanalysen, wie sie durch Institute für **biomechanische Untersuchungen** angeboten werden, ganz besonders wertvoll.

Die richtige Ausrüstung fürs Radfahren

Beim Radfahren sollte das Augenmerk auf einen guten Kopfschutz gerichtet sein. Der Helm sollte über eine gute Passform und die geforderten Prüfsiegel verfügen. Neben dem Helm ist eine Radhose mit gepolstertem Einsatz sehr zu empfehlen. Insbesondere bei längeren Trainingseinheiten wird es Ihr Gesäß zu schätzen wissen. Die Bekleidung sollte aus atmungsaktiven Stoffen sein und möglichst eng anliegen, um unnötiges Flattern im Fahrtwind zu vermeiden. Zusätzliche Reflektoren verbessern die Sicherheit im Straßenverkehr. In den letzten Jahren haben sich die so genannten Klick-Pedalen etab-

Ein Helm ist eine selbstverständliche Schutzausrüstung beim Mountainbiken.

liert. Bei diesem System wird der Radschuh mit dem Pedal wie bei einer Skibindung eingeklickt. Durch die relativ feste Verbindung ist eine deutlich bessere Kraftübertragung auf das Pedal möglich, was sich in einer besseren Leistungsfähigkeit auswirkt. Nicht zu verachten ist allerdings das Risiko von Stürzen, wenn man sich nicht rechtzeitig aus den Pedalen ausklicken kann. Die Vorteile solcher Pedalsysteme überwiegen aber deutlich, sodass ein Einsatz grundsätzlich zu empfehlen ist.

Inlineskaten bringt Kindern viel Spaß.

Die richtige Ausrüstung für Skilanglauf

Auch oder gerade für den Wintersport ist eine gute Ausrüstung und funktionelle Kleidung ein Garant dafür, dass der Spaß und die Freude an der Sportart erhalten bleiben. Die Ausrüstung beim Skilanglauf richtet sich, wie in vielen anderen Sportarten auch, nach dem Können. Für Anfänger eigenen sich die Ski am besten, die nicht gewachst werden müssen und mit Steighilfen für Anstiege versehen sind. Damit hat der Läufer die Möglichkeit, die so genannte klassische Lauftechnik auszuführen, bei der die Ski in der gespurten Loipe geführt werden. Diese Lauftechnik ist für Anfänger oder Personen, die nicht regelmäßig Sport treiben, empfehlenswert. Die Skilänge richtet sich nach der Körpergröße und dem Gewicht des/der Läufers/in, wobei heutzutage dazu tendiert wird, die Ski so lang zu wählen wie die Körpergröße. Die sportlichere Variante ist die sog. Skating-Lauftechnik, die in den Bewegungen dem Eisschnellaufen sehr ähnlich ist. Jedoch ist hier ein vorheriges Training und ein bestimmter Fitnessgrad unbedingt erforderlich. Für das Skating sind spezielle Ski erforderlich, die auch gewachst werden. Die Stöcke sind länger, als bei der klassischen Technik. Sie reichen dem Läufer bis unter das Kinn, damit er den nötigen Schwung erhält, wenn er sich abstößt.

Die richtige Kleidung

Um sich bei niedrigen Temperaturen gut vor der Kälte zu schützen und nicht auszukühlen, ist die richtige Bekleidung beim Skilanglauf das A und O. Zu dieser Kleidung gehört bestenfalls Funktionsunterwäsche mit langen Armen und Beinen, eine enge Hose, die auch beim Laufen angezogen werden kann, und anschließend eine Jacke, die atmungsaktiv und windabweisend ist. Bei Bedarf kann darüber nochmals eine atmungsaktive Schicht (Jacke, Hose oder Weste) angezogen werden. Besonders nach dem Laufen sollten Sie darauf achten, dass die Kleidung sofort gewechselt wird. Dies ist umso wichtiger, wenn Sie keine atmungsaktive Kleidung zur Verfügung haben, da die Feuchtigkeit dann nämlich noch direkt auf der Haut bleibt und Sie schneller auskühlen.

Zum Schutz der Augen sollten Sie auf jeden Fall eine Sonnenbrille mit UV-Schutz tragen, die gleichzeitig ihre Augen vor den Stockspitzen schneller Kollegen/innen schützt.

Inlineskating

Das beim Inlineskating eine Schutzausrüstung getragen werden sollte, ist selbstverständlich. Grundsätzlich ist die Ausrüstung auch bei dieser Sportart vom Können der jeweiligen Person abhängig. Jedoch sind folgende Protektoren ein »Muss« für alle, die sich Skates anschnallen:

- Helm,
- Handgelenkschoner,
- Ellbogenschoner und
- Knieschoner.

Dies ist die Grundausrüstung für Anfänger und für Fortgeschrittene. Die Schoner sollten nicht zu eng oder zu weit sein. Am besten einfach im Geschäft ausprobieren und die passenden aussuchen. Als Anfänger genügen einfachere Modelle, die im Handel zu erschwinglichen Preisen angeboten werden. Besonders wichtig ist es, die Handgelenkschoner richtig zu tragen. Die Ellbogen- und Knieschoner sollten so beschaffen sein, dass man sie wie einen Strumpf anziehen muss, da sie einen besseren Halt gewährleisten. Bei den Schuhen bietet sich ein reichhaltiges Angebot. Es gibt sowohl Hartschalenboots als auch Softboots. Hier sollte ausprobiert werden, welcher Schuh am besten sitzt und am bequemsten ist. Der Vorteil von den Hartschalenboots sind die Schnallen, die das An- und Ausziehen vereinfachen. Beim Helm stehen, wie beim Fahrradfahren auch, eine gute Passform und die geforderten Prüfsiegel im Vordergrund. Ausgestattet mit der erwähnten Ausrüstung steht dem Inline-Spaß und vor allem der Sicherheit nichts mehr im Weg.

Nordic Walking

Beim Nordic Walking ist neben der funktionellen (atmungsaktiven) und bequemen Sportbekleidung besonders auf die richtigen Lauf-/Sportschuhe zu achten. Die Schuhe sollten über ausreichende Dämpfungseigenschaften verfügen und möglichen Fehlstellungen des Fußes (Pronation/Supination) entgegenwirken. Bei den Nordic-Walking-Stöcken sind hochwertige Materialien wie Carbon oder Glasfaser zu empfehlen. Nur qualitativ hochwertige Stöcke gewährleisten ein geringes Eigengewicht, hohe Belastbarkeit und eine lange Lebensdauer. Bei den Stöcken ist zudem auf die korrekte Stocklänge zu achten, welche sich nach der Körpergröße richtet. Sehr nützlich sind auch leichte Handschuhe, um Blasenbildung an den Händen zu vermeiden.

Je nach Gelände gibt es Pads für Nordic-Walking-Stöcke.

Register

ZeLD
Zentrum für Leistungsdiagnostik

Welche Informationen besitzen Sie über Ihren Körper, Ihren Sport und Ihr Training?

Wir Menschen verfügen über unterschiedliche körperliche Voraussetzungen und reagieren verschieden auf sportliche Reize und Belastungen.

Dies kann im Training und Wettkampf zu einer Unter- oder Überforderung führen und damit das Erreichen Ihrer persönlichen Ziele vermindern.

Wir führen leistungsdiagnostische Untersuchungen in Labor und Feld auf dem Stand aktueller wissenschaftlicher Erkenntnisse leistungsphysiologischer Forschung durch.

Ein Team von Sportwissenschaftlern, Sportmedizinern und Ernährungswissenschaftlern mit langjähriger Erfahrung im Spitzen-, Breiten- und Gesundheitssport steht Ihnen zur Verfügung.

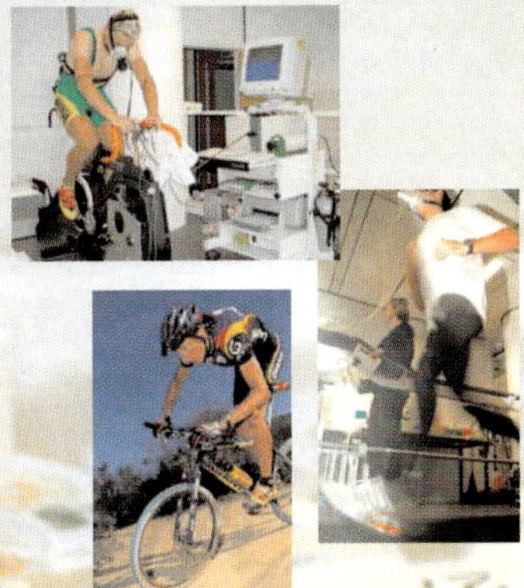

Unsere Leistungen

Ausdauerdiagnostik

Komplexe Ausdauerdiagnostik

Felduntersuchungen

Gang- und Laufanalyse

Fußvermessung und Einlagenversorgung

Trainingsbetreuung

Optimierung der Sitzposition im Radsport

Ernährungsanalysen

Zentrum für Leistungsdiagnostik (ZeLD)
an der Deutschen Sporthochschule Köln
Carl-Diem-Weg 6
50933 Köln

Tel.: +49-(0)221-4982 518 0
Fax: +49-(0)221-4912 906 0

zeld@dshs-koeln.de
www.zeld.de

Know-how für die Trainingspraxis

BLV Sportwissen
Fritz Zintl/Andrea Eisenhut
Ausdauertraining
Das Grundlagenbuch nach neuesten Erkenntnissen der Sportwissenschaft: Ausdauertraining in den verschiedenen Sportarten, Methodik und Steuerung des Trainings, Ausdauertraining im Kindes- und Jugendalter usw.

Urs Gerig/Andreas Gonseth
Ausdauer durch sanftes Training
Jetzt in Schwung kommen – die neuen, sanften Fitmacher für Einsteiger: Präzise Erklärungen zu Ausrüstung, Technik, Training. Beste Fotos für die Motivation.

Petra Regelin/
Petra Mommert-Jauch
Nordic Walking – aber richtig!
Die Wirkung auf Körper und Psyche, Ausrüstung, richtige Technik, Fehleranalyse; Training für die Gesundheit, zur Gewichtsreduktion, Leistungssteigerung, Entspannung, bei körperlichen Einschränkungen.

Carolin Schricker/
Dr. med. Walter Eichinger/
Prof. Dr. med. Rüdiger Lange
Walking
Walking für verschiedene Zielgruppen, sportmedizinische Grundlagen, Training, Technik; Variationen – z. B. Nordic-, Aqua- und Power-Walking; Ausrüstung und Ernährung.

Dr. med. Thomas Wessinghage
Laufen
Der Lauf-Klassiker – komplett überarbeitet mit neuen Fotos; neue Erkenntnisse zu Lauftechnik, Ausrüstung und Training; mit aktuellen Forschungsergebnissen der Sportmedizin; Termine von Marathonläufen weltweit.

BLV Sportpraxis Top
Georg Ladig/Frank Rüger
Richtig Inlineskaten
Ausrüstung, Verletzungen und Risiken vermeiden; Fahrtechnik: Kurvenfahren und Bremsen, Slalom, Übersetzen, Rückwärtsfahren usw.; Skating-Disziplinen; empfohlen vom Deutschen Inline-Skate Verband e. V.

Im BLV Verlag finden Sie Bücher zu den Themen: Garten und Zimmerpflanzen • Natur • Heimtiere • Jagd und Angeln • Pferde und Reiten • Sport und Fitness • Wandern und Alpinismus • Essen und Trinken

blv

Ausführliche Informationen erhalten Sie bei:

BLV Verlagsgesellschaft mbH • Postfach 40 03 20 • 80703 München
Tel. 089/12705-0 • Fax 089/12705-543 • http://www.blv.de